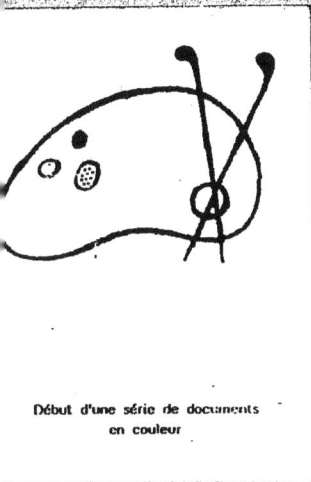

Début d'une série de documents
en couleur

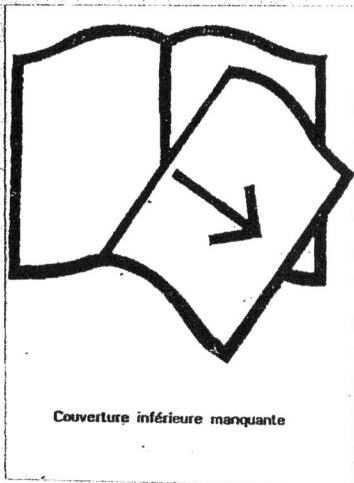

Couverture inférieure manquante

HISTOIRE RELIGIEUSE

DE

PONT-EN-ROYANS

(Isère)

PAR L'ABBÉ L. FILLET

CURÉ D'ALLEX (DRÔME)

MEMBRE DE PLUSIEURS SOCIÉTÉS SAVANTES

VALENCE

LANTHEAUME, LIBRAIRE

Place des Clercs

—

1887

Fin d'une série de documents
en couleur

HISTOIRE RELIGIEUSE

DE

PONT-EN-ROYANS

(Isère)

PAR

l'abbé L. FILLET

Curé d'Allex (Drôme).

MONTBÉLIARD

IMPRIMERIE P. HOFFMANN

—

1885

HISTOIRE RELIGIEUSE

DE

PONT-EN-ROYANS

(Isère)

————

Assez connu au triple point de vue pittoresque, féodal et militaire, le passé de Pont-en-Royans l'est beaucoup moins
au point de vue religieux. Cependant ses origines, son antique
prieuré, son église, ses confréries, ses chapelles, ses institutions
charitables et scolaires, sont autant d'objets du plus haut intérêt ; les évènements qui se sont accomplis dans son sein, les
personnages qui y ont vécu ou en sont sortis, méritent autre
chose que l'oubli. Du reste, grâce aux facilités que l'excellent
archiviste de la Drôme, M. Lacroix, nous a données pour puiser
dans son dépôt, où est la plus grande partie des papiers du
prieuré, nous avons pu réunir une foule de renseignements entièrement inédits et inconnus. Après une étude rapide sur les
origines civiles et religieuses de notre petite ville, le lecteur en
trouvera ici l'histoire religieuse d'une manière à peu près suivie à partir du XIᵉ siècle.

I. Origines.

Le Royans fut habité à l'époque gauloise. Des inscriptions
et de nombreuses médailles de cette époque, qu'on y a décou-
vertes, mettent la chose au rang des faits définitivement acquis
à l'histoire [1]. Les monuments qui y signalent le passage et le

---

[1]. Chorier, *Hist. gén. de Dauphiné*, I, 11-2 et 126 ; — Chalieu, *Mémoires
sur div. antiq. du départ. de la Drôme*, 94-100 ; — Delacroix, *Statist. de la
Drôme*, 2 ; — E. Lacour, *Ventia et Solonion*, dans la *Revue archéologique*
1861 ; — *Bull. de la soc. d'archéol. de la Drôme*, IV, 387-92 ; X, 86-7 ; — F.
Vallentin, *Divinités indigètes du Vocontium*, 14-22 et 79-81 ; — *Revue du
Dauphiné et du Vivarais*, IV, 339.

séjour prolongé des Romains sont encore plus nombreux [1]. Mais tout cela ne nous autorise nullement à dire qu'une agglomération existait sous les Gaulois ou sous les Romains dans le lieu où nous trouvons plus tard la ville du Pont. Bien plus, le Pont est presque la seule commune de tout le Royans où l'on n'ait trouvé aucune marque d'habitation dans ces siècles reculés. Saint-Laurent, Sainte-Eulalie, Saint-André, Saint-Romans, Saint-Just, Saint-Thomas, Saint-Jean, Saint-Martin-le-Colonel,etc., ont fourni à l'antiquaire des médailles gauloises ou romaines, des tombeaux, des inscriptions, des tuiles à crochet, des fragments de mosaïque,de vieux murs,des aqueducs, datant de l'ère des Césars. Aux yeux de divers savants, les monnaies et tombeaux trouvés à Saint-Nazaire s'accorderaient avec le texte de Dion Cassius [2] et celui de Tite-Live [3] pour nous montrer vers ce bourg l'emplacement de l'antique Ventia, ville gauloise prise par Manlius Lentinus en 62 av. J.-C. Mais à Pont-en-Royans aucun monument de cette espèce,rien de gaulois, rien de romain.

Ceci, du reste, n'est pas surprenant; celui qui connaît le Pont serait plutôt surpris du contraire. Quel Gaulois,quel Romain surtout, aurait pu aimer à fixer sa demeure sur ces deux murs de rochers escarpés, séparés par un gouffre auprès duquel la Vernaison vient mêler ses eaux à celles de la Bourne? Sans des raisons exceptionnelles, qui eût cherché le repos et un abri habituel au pied de ces rocs formidables, ici taillés à pic, là surplombant, et dont les crêtes fendillées laissent quelquefois des blocs se détacher d'une hauteur de 7 à 800 mètres et rouler en avalanche jusqu'en bas?

Cependant ces raisons, qui d'abord et de longtemps n'avaient pas existé, surgirent, s'accrurent et finirent par devenir impérieuses.

---

1. *Revue du Dauphiné,* I, 288 ; — VINCENT, *Lettres histor. sur le Royans,* p. 5-9 et 55; — CLERC-JACQUIER, *Notice sur Saint-André-en-Royans,* p. 11-2; — E. LACOUR, loc. cit. ; — *Bull.* cit., II, 199; III, 69, 222; IV, 156-7; XI, 566; XII, 99-100; XIV, 193; — *Notice histor. sur la famille Terrot,* p. 74-5.
2. *Hist. rom.,* lib. XXXVII.
3. *Epitome,* lib. CIII.

En effet, le nord du Vercors, Valchevrières, le bas de Rencurel, Choranches, Châtelus et Echevis, longtemps entièrement, puis presque inhabités, se peuplèrent. Leurs habitants,
ainsi que ceux de la partie orientale du Royans, voulurent se
créer un passage facile et d'un caractère permanent, construire
un pont sur la Bourne, pour atteindre la rive gauche de cette
rivière. La chose était facile ; car, à quelques pas du point vrai-
ment central, c'est-à-dire de celui où la Vernaison se jette dans
la Bourne, les rives de celle-ci offraient deux culées naturelles,
rapprochées, d'égale hauteur, prêtes à recevoir ou un tablier en
bois ou une arche en maçonnerie. Le pont fut fait, et aussitôt
un chemin se fraya en aval, au couchant, pendant qu'un deuxième se creusait au midi sur la rive de la Vernaison, et qu'un
troisième était ouvert à force de peine, au nord, en amont de
ce pont, sur la rive gauche de la Bourne, du côté de Choranches
et de Châtelus.

D'autre part, le commerce du bois de nos montagnes fut sans
doute nul, tant que la plaine forma elle-même une sorte de
forêt ; et Dion Cassius nous assure que vers 62 av. J.-C., lors
de la prise de Ventia par Lentinus, *le pays était couvert de bois
jusqu'aux bords de l'eau*, c'est-à-dire jusqu'aux bords de l'Isère [1].
Mais le déboisement de la plaine obligea à exploiter le bois de
la montagne. Or, la Bourne n'est flottable qu'au-dessous de sa
jonction avec la Vernaison. Les montagnards eurent donc à
réunir là, à force de voyages et de charges de mulets, les bois
bruts ou façonnés qu'on pouvait ensuite y embarquer sur la
Bourne. Mais tout cela demandait quelques abris, des logements pour les voyageurs et pour leurs mulets. On en cons-
truisit de chaque côté du pont, des deux côtés du chemin,
quand l'espace pouvait rigoureusement s'y trouver ; et bientôt
on y vit des débitants et des commerçants établis d'une manière fixe. « Cette agglomération, dit M. Vincent [2], fut dési-
« gnée naturellement sous le nom de *Pont* ; et il y avait justice
« en cela, car sans ce pont, tout transport, tout échange de

1. *Hist. rom.*, liv. xxxvii.
2. *Lettres histor. sur le Royans*, p. 56.

« denrées devenaient impossibles ». Le besoin d'une existence, du pain de chaque jour, avait triomphé de l'horreur du site
et de la crainte des avalanches.

Cependant la rue formée au couchant du pont avait atteint
quelque 150 mètres de long, celle du midi en avait près de 100,
et le misérable chemin du nord était lui-même bordé de quelques
huttes. A la population il fallait une église et des prêtres. Le
point le plus convenable pour asseoir la maison de Dieu, le seul
où l'on pût trouver à proximité le terrain nécessaire pour un
cimetière de quelque étendue, était l'extrémité occidentale de
la première de ces rues. De ce côté, la Bourne, en s'éloignant
du rocher qu'elle vient de tourner, laisse entre celui-ci et l'eau
une bande de terrain de plus en plus considérable. L'église fut
élevée au bout et au-dessous de cette rue. Le cimetière fut
établi tout près, plus au couchant, à quelques pas au-dessous
de la même rue; et puis celle-ci continua à s'allonger.

Cependant, les derniers rois de Bourgogne ayant laissé l'anar-
chie se développer dans leurs états, la force et l'autorité furent
dans chaque localité l'apanage de quelques grands, de chefs
secondaires devenus à peu près indépendants. Nous avons des
monuments certains du pouvoir que s'arrogeaient les anciens
seigneurs du Royans. Les religieux de Montmajour avaient
obtenu de Rome un privilège en vertu duquel ils pouvaient, et
exclusivement à tous autres, acquérir des biens dans les pays
soumis à ces seigneurs. Mais comment s'assurer la jouissance
de ce privilège, sans le consentement de ces derniers ? Le consentement fut donné par l'un d'eux et renouvelé plus tard, vers
1040, par son fils ou petit-fils, Ismidon, à la demande de Be-
noît, abbé de Montmajour, et devant Artaud, évêque de Grenoble. Or cet Ismidon, qui porte le titre de *prince* dans les
chartes du temps, est la tige des Bérengers que nous trouve-
rons pendant longtemps seigneurs d'une partie du Royans,
avec le Pont pour capitale [1].

Et puis, autant de seigneurs, autant d'ennemis, et malheur au
bourg qui n'eût pas été ceint de remparts, muni de tours mas-

---

[1]. *Cart. S. Hug.*, A, xxxiv ; — *Cart. S. Barn. Roman.*, 13 bis ; — CHORIER,
Hist. de la maison de Sassenage, p. 37-46.

sives, protégé par une forteresse. Donc, quand le régime féodal prévalut dans nos contrées, le Pont dut modifier son système d'agrandissement. Des portes furent mises aux extrémités des rues, pour interdire l'entrée du bourg à tout étranger suspect. Surtout, des remparts furent construits de tous les côtés où les rochers ne formaient pas déjà une ligne de défense contre toute agression hostile. Il suffit d'en construire depuis la Bourne, au-dessous de l'église et du cimetière, jusqu'à l'extrémité de la rue du couchant, où était la porte principale, pour continuer ensuite jusqu'au rocher qui dominait et sur lequel on éleva une redoutable forteresse. Celle-ci figure sous le nom de *fortalitia, fortalitium,* dans les titres anciens, et il en sera souvent question dans la suite de ce travail. Quant aux maisons, ne pouvant plus s'étendre au couchant, elles furent bâties sous le précieux abri du château, dans des anfractuosités de rochers et sur de petites terrasses supérieures au vieux bourg. Ainsi fut formé le quartier appelé aujourd'hui *de l'horloge,* et où l'on parvint à trouver place pour une ruelle aussi rempante qu'étroite, rejoignant par ses deux extrémités la rue principale, au couchant vers le rempart et le *portail de France,* au sud-est dans l'intérieur du bourg. Les huttes du chemin du nord, au-delà de Bourne, se multiplièrent et formèrent *Villeneuve,* dont la rue a encore à l'extrémité son antique portail.

Quant à l'église du Pont, nous ne savons pas quelles furent ses destinées pendant la première partie de la période en question ; mais son histoire nous est connue à partir de la fin du XIe siècle. Dédiée à Saint-Pierre, elle formait déjà alors un centre paroissial ; et celui-ci était d'une importance sérieuse, à en juger par les 12 deniers de cens qu'elle payait annuellement à l'évêque de Grenoble pour *parée* ou droit de gîte, tandis que beaucoup d'autres n'en payaient que 6. Église et bénéfice ressortissaient au diocèse de Grenoble, mais étaient possédés par des chanoines réguliers du chapitre ou monastère de Sainte-Croix en Quint, près de Die. Ce monastère, qui plus tard s'est reconnu fondé et doté par les ancêtres d'un Poitiers, comte de Valentinois, était naturellement sous la juridiction de l'évêque de Die, comme le rappelle une bulle d'Alexandre III du 28 mars

1165 [1]. Outre l'église du Pont, il en eut de bonne heure un certain nombre d'autres, ainsi que des paroisses, dans son voisinage et jusque dans le Vercors ; et à cette église du Pont fut joint un prieuré dont nous allons parler, et dont l'histoire a deux phases principales : celles du prieuré *ancien*, allant depuis l'origine jusqu'à l'époque où le bénéfice passa des prieurs en titre à la mense conventuelle de Saint-Antoine ; et celle du prieuré *nouveau*, allant depuis cette transformation jusqu'à la Révolution.

II. PRIEURÉ ANCIEN.

Le premier acte relatif aux religieux ou chanoines réguliers établis au Pont, est le suivant.

« Dans le lieu appelé *Scoges* [2], Guigues de Lans, chanoine, et Raynaud, chevalier, son frère ; les fils de Caulende, avec leurs héritiers, tant enfants que neveux ; les fils de Jérosolime, femme d'Ascheric de Nacon, savoir Morand et Arnald ; Trubert et Guillaume, avec tous leurs héritiers, tant enfants que neveux, donnent à Dieu, à sa mère, ainsi qu'à l'église de Sainte-Croix de Quint, à Saint-Pierre du Pont, et aux clercs présents et futurs y servant Dieu, la métairie de Léotard, et une autre métairie placée à gauche, en alleu, avec toutes les construc-

---

1. *Cartul. S. Hug.*, C, 1 ; — *Cartul. des Ecouges*, ch. 1 ; — *Cartul. de Die*, p. 20.—CHORIER place au Pont un *prieuré de Saint-Romain*, dépendant vers 1060 de l'abbaye de Montmajour (*Hist. gén. de Dauphiné*, I, 845 ; II, 10 ; *Hist. de la maison de Sassenage*, 37). De son côté, Mgr Le Camus, dans un *Catalogue des évêques de Grenoble*, dit que l'évêque Artaud *prioratum Pontis Royani fundatum per Ismidonem variis donis et privilegiis auxit* (*Catal.* publié par M. Ul. CHEVALIER). Mais la charte sur laquelle ces deux écrivains se sont appuyés, la 34ᵉ du Iᵉʳ Cartul. de St-Hugues, ne dit pas que l'église du Pont fût une de celles que Montmajour avait au Royans, ni qu'Ismidon en eût fondé le prieuré. Au surplus, des nombreux catalogues et pouillés énumérant les églises et prieurés de Montmajour, aucun ne comprend le Pont pour aucune époque (Arch. des Bouches-du-Rhône, mss. Chantelou, passim ; — M. DE CARRANRAIS, *L'Abbaye de Montmajour*, p. 145-57). Quant au prieuré de Saint-Romain dépendant de cette abbaye, il était à Granene, aujourd'hui Saint-Romans.

2. *Les Ecouges*, quartier montagneux de la commune de Saint-Gervais (Isère).

tions qui pourront y être faites, et un moulin en un autre endroit où il pourra mieux être bâti sur tout le territoire dud. lieu. Ils donnent aussi tout ce qui convient de droit à l'église de Dieu : toute la dîme dud. territoire en chairs et fruits, avec les prémices, offrandes et droits funéraires. Ils attribuent de plus toute la pêche et toute propriété sur les ruisseaux dud. lieu, et les pâturages de celui-ci pour les brebis et pourceaux de ladite église et des autres de même dépendance. Tout cela est accordé à cette église en 1104, pour la rédemption des âmes des donateurs, de leurs parents et consanguins ; et la donation est consentie et confirmée par Hugues, évêque de Grenoble, par le chapitre et les principaux de l'église de Grenoble, par deux religieux familiers de l'évêque, par deux prêtres de l'évêque et par Guigues Didier, sa femme Ermengarde et leurs trois fils, Francon, Mallen et Nicolas. Sont témoins de l'acte : Bernard prêtre de Poliénas, Godefroy de Moirans, Pierre Fromond, Guillaume Panier, Falavel de Chatte, et Florentius, qui reçut le don devant l'église dudit lieu, c'est-à-dire de Sainte-Marie.»

Malgré ce don, les religieux de Sainte-Croix et du Pont ne se fixèrent pas aux Ecouges. Vers 1116, Guillaume, prieur de Quint, en son nom et en celui de tous les fils de son église, cède tout ce qu'ils avaient acquis aux Ecouges, aux frères y habitant ou y devant habiter. Il dépose devant Hugues, évêque de Grenoble, et Pierre, évêque de Die, la charte qu'il en avait reçue et déclare que, si l'évêque de Grenoble ne trouvait pas à y établir des hommes d'une vie à y servir Dieu, le prélat pourrait donner les Ecouges à qui il voudrait. Bientôt après des Chartreux y furent installés [1].

L'intervention de l'évêque de Die dans cet acte est justifiée par la dépendance des chanoines envers le prélat, dont des successeurs portent même le titre d'abbé du monastère de Sainte-Croix. Quant aux *fils de l'église de Sainte-Croix*, ce sont ses chanoines, notamment les chefs, plus tard prieurs, des maisons secondaires, au nombre desquelles on voit figurer, avec celle de Pont-en-Royans, celles de Saint-Martin-en-Vercors, de Vassieux, etc.

1. *Cartul. des Ecouges*, ch. 1, 2 ; — *Bull.* cit., IX, 288,

Qu'il y eût alors au Pont un certain nombre de religieux ou chanoines, c'est ce que fait naturellement supposer la qualification de prieur de ce lieu, dont on trouve revêtu, au même siècle, celui qui y était à la tête de la maison. Ainsi le 25 septembre 1190, Guigues, prieur du Pont, et Raymond, son neveu, étaient présents à un acte passé près de l'église de Saint-Martin-le-Colonel et réglant les limites des possessions des Chartreux de Bouvante avec celles de l'abbaye de Léoncel. Le même, ou un autre prieur du Pont de même nom, assista à des règlements faits, le 7 août 1200, dans le château du Pont, en la maison de ce prieur, et le lendemain, en l'église de ce lieu, par l'évêque de Grenoble, entre le Val-Ste-Marie et un nommé Chabert [1].

Le prieuré de Pont-en-Royans avait des droits féodaux dans cette localité, comme le prouvent divers actes dans lesquels l'empiètement des Bérengers sur les biens de ce prieuré est à peine dissimulé.

Le premier de ces actes est une transaction du 10 février 1259, entre Guillaume, prieur de Quint, et Jean Delmas, prieur de Saint-Pierre du Pont, d'une part, et Raynaud Bérenger de l'autre. En voici toute la substance, d'après une copie textuelle que nous avons été heureux de retrouver.

Ces prieurs, au nom de l'église Saint-Pierre du Pont, étaient en différend avec Raynaud Bérenger, sur une quatrième part indivise des château [2], forteresse et mandement du château de Pont-en-Royans ; sur une 4me part des seigneurie, juridictions, biens, justices et de toutes les appartenances de cette quatrième part ; sur les choses léguées ou concédées à tout autre titre à cette église, ou acquises par elle, tant dans ledit château que dans son mandement ; sur le moulin proche du jardin de ladite église, sur la mouture de ce moulin de Vernaison, lequel on sait appartenir à la même église, ainsi que sur le fournage du four situé dans le bourg dudit château, auxquels Reynaud Bérenger, au nom de sa maison, disait n'être pas tenu ; sur

1. Arch. de la Drôme, fonds de Ste-Croix. — Ul. CHEVALIER, Cart. de Léoncel, p. 50 ; — Journal de Die, 23 et 30 août 1868.
2. Ici et dans nos autres actes des 12e et 13e siècles, le mot château signifie un bourg fortifié.

trois métairies situées dans le mandement du château de Châ-
:elus; sur la pêche de la Bourne; sur tous les dommages,torts
et forfaits causés et commis de part et d'autre à l'occasion desd·
choses ou pour toute autre cause; sur les peines pour ce encourues, et sur plusieurs autres choses.

Par la médiation d'amis communs, c'est-à-dire de Lautoard,
prieur du Val-Ste-Marie, et de frère Guillaume Franche, de
l'ordre des Frères Mineurs, les parties convinrent comme suit :

Les prieurs, du consentement exprès de leurs couvents et
confrères,cèdent à Reynaud tous leurs droits réels ou préten-
dus sur ladite quatrième part desd. château et forteresse,
et de tout le tènement depuis la forteresse jusqu'à la maison
de feu Raynaud Raoul, à présent dudit Reynaud Bérenger, et
depuis cette maison jusqu'à celle de Pierre Ragat, et de là jusqu'à la maison neuve de Humbert Boache, puis de là jusqu'à la maison *Machaire* et enfin jusqu'au fossé, c'est-à-dire
de tout ce qu'il y a entre cette forteresse et ces limites. Ils cè-
dent au même Reynaud et à ses successeurs la haute et basse
justice, la contrainte et toute juridiction et connaissance, dé-
finition et exécution des actions personnelles, tant privées que
publiques, les nouveaux bans de justice, leydes et marchandi-
ses, les hommes et femmes habitant et devant habiter dans
led. château et dans son bourg, sur le sol de lad. église ou sur
celui dud. Reynaud. Toutefois, les prieurs, chanoines,clercs et
prêtres de la même église, en achetant ou vendant pour celle-
ci, seront exempts des leydes, et Reynaud ni ses successeurs
ne pourront exercer aucune juridiction ou justice sur les prieurs, leurs convers, leurs chanoines, leurs clercs, prêtres et
converses, ni lever de ban contre eux ou leurs animaux, bien
que le prieur et ses gens soient obligés de réparer tout dommage par eux causé.

Tout ce que lesd. prieur et église possèdent actuellement, à
titre de legs ou autrement, depuis les confins déjà indiqués
au-dessous vers la Bourne, ou dans le tènement dud. château,
soit en maisons ou chasaux, soit en censes, plaids, lods, four,
moulin ou autres immeubles, ils en jouiront paisiblement eux
et leurs successeurs; et, si feu Raymond Bérenger, père de
Reynaud, a aliéné des biens de lad. église, ce dernier les resti-

tuera, à la connaissance du prieur de Quint et de Lantelme,
chapelain de la même église du Pont.

Quand Reynaud et ses successeurs cuiront et moudront aux
four et moulin de l'église, ils devront le fournage et la mouture comme les autres habitants du lieu.

Reynaud et ses successeurs feront à neuf pour cette première fois l'écluse d'un moulin situé près du jardin de lad. église,
et en nettoyeront le béal jusqu'aux canaux, et les autres fois
à perpétuité ils referont l'écluse seulement au travers de l'eau.
Ils y sont tenus parce que l'église Saint-Pierre, le prieur et ses
prédécesseurs, ont dans ce moulin le mois de mai plus qu'eux
et leurs prédécesseurs. Quant aux canaux et à toutes les dépenses (autres que les susdites), utiles et nécessaires pour construire et refaire ledit moulin et en nettoyer le béal en haut et
en bas, ils sont à la charge de l'église et de Reynaud pour égale
portion, car le moulin et tous les revenus qu'il produit leur
sont communs, et ils y mettent en commun le meunier, qui leur
jure fidélité et doit payer à chacun d'eux la moitié du gain tiré
de ce moulin. Du reste, quand Reynaud ou l'église y moudront, ils payeront la mouture comme tous les autres.

Les métairies de *Bouchardéra*, de *la Pépineira* et du *Peuy Y-
verna*, situées au mandement du château de Châtelus, seront à
l'église, mais relèveront du fief de Reynaud et des siens.

Quant à la pêche de la Bourne, le ban et réserve qui va
depuis le pont de Chorenches, situé à l'entrée du château du
Pont, jusqu'au pont de *Roollart* et jusqu'au gouffre de *la Fao-
neyra* inclusivement, appartiendra à Reynaud et à ses successeurs ; mais les prieur et chanoines de l'église, les prêtres, clercs
et convers pourront y pêcher ou faire pêcher, quand il leur plaira,
pour leur besoin et celui de l'église. Réservé aussi à Reynaud et à
ses successeurs, qui feront respecter le ban par tous, d'y pêcher
et faire pêcher, mais pour le besoin de leur maison seulement.

Les parties se font remise réciproque de tous dommages et
forfaits causés par elles-mêmes ou sur leur ordre, et des peines
encourues.

L'église était tenue de faire 10 livres, en chaque mutation de
seigneur, au comte dauphin, dont Reynaud avait les droits et
actions pour les choses que les prieurs viennent de lui donner

et concéder. Reynaud se désiste de 8 livres 1/2, de sorte que les prieur et église ne lui devront plus que 1 livre 1/2, payables, à chaque mutation de seigneur, à raison de ce qu'ils tiennent encore du même fief dans le bourg vieux inférieur et dans le mandement dudit château, et 20 sous pour le moulin situé près du jardin de cette église.

Les prieurs et Reynaud s'engagent par obligation, ceux-là des biens de leur église, celui-ci des siens, à observer de tout point le traité, et renoncent à tout privilège et à tous droits et usages à ce contraires. De tout quoi faire ils prêtent serment sur les Évangiles. Reynaud s'engage de même à tout faire approuver par Lambert, Chabert et Julienne, ses frères et sœur, et à faire apposer par ceux-ci leurs sceaux à l'acte. Enfin ils mettent eux-mêmes leurs sceaux à ce dernier, et prient l'évêque de Grenoble, dans le diocèse duquel est l'église de Saint-Pierre, et l'évêque de Die, dans le diocèse duquel est l'église de Sainte-Croix de Quint et qui est abbé de cette dernière, de tout approuver et confirmer, et de faire mettre leurs sceaux au traité ; ce que les prélats accordent.

L'acte fut fait le 4 des ides de février 1259, près de l'église Saint-Pierre du Pont, en présence de Martin Ceillo, prieur de St-Marcel du Château, Giraud Rostaing, prieur de St-Martin-en-Vercors, Ponce Perdrix, chanoine de Ste-Croix, maître B., abbé de St-Félix de Valence, Albert, sacriste de Die, etc. [1].

L'accord ne fut pas de longue durée. Quelques années plus tard, Guillaume Bermond, chanoine de l'église de Quint et prieur de St-Pierre de Pont-en-Royans, se plaignait de torts causés à lui et à son église par Raynaud Bérenger, seigneur du Pont, à l'égard du four, du moulin, de l'eau, de métairies appartenant à l'église dudit Pont, et de certaines autres choses. Sur les contredits du seigneur, nótre prieur, du consentement du prieur de Quint et d'autres prieurs et chanoines, transigea comme suit avec Raynaud Bérenger, le 20 janvier 1276.

Le prieur du Pont et ses successeurs auront la moitié du four situé près de la maison de Humbert Dubois et au-dessus de celle de Ponce du Cloître, et des revenus de ce four. Si celui-

1. Arch. de la Drôme, fonds cit.

ci a besoin d'être réparé ou refait, il le sera à part égale de frais par lesd. Raynaud et prieur. Le chauffage de ce four et les bois pour y cuire seront pris à Barret et au bois de Barret. Raynaud et le prieur, ainsi que leurs successeurs, n'auront pas à payer pour y cuire leur pain, et tous ceux qui demeurent ou qui demeureront dans le château devront y cuire. Aucun autre four ne sera fait dans ledit château du Pont, sans la volonté du prieur et de ses successeurs ; et, si on en fait, ceux-ci en auront la moitié, excepté le four à chaux et le four qui est dans la forteresse dudit château, dans lequel peuvent cuire ceux qui habitent et gardent cette forteresse. Si le château du Pont venait à être divisé en plusieurs parts, de telle manière qu'il y eût plusieurs seigneurs, un seul de ceux-ci pourrait cuire audit four sans payer ; de même pour le chauffage de Barret.

Raynaud et ses héritiers prendront désormais au bois de Barret leur chauffage et des bois pour se chauffer dans la maison qu'ils voudront, mais non pour un autre usage ou pour d'autres personnes.

Quant au moulin situé sous le cloître, près de la porte du château du Pont, vers Bourne, et aux métairies, on s'en rapportera absolument à la transaction de 1259, en y ajoutant ceci : Raynaud, le prieur et leurs successeurs, quand ils voudront moudre à ce moulin, payeront la mouture ; et, si le blé y apporté pour moudre reste plus de 24 heures sans être moulu ou que le meunier déclare ne pouvoir le moudre dans les 24 heures, on pourra le reprendre et le faire moudre en tel autre moulin qu'on voudra. Raynaud, ni ses héritiers, ni qui que ce soit pour eux, ne pousseront personne, par menaces ni autrement, à moudre à leur moulin ni à un autre ; mais chacun pourra moudre où il voudra. Si à cause d'inondation des eaux il fallait refaire le moulin, ou que pour autre cause celui-ci ne pût moudre, tous pourraient moudre où ils voudraient.

Relativement à la vigne dite *des Saints*, le prieur et ses successeurs y prendront 3 sols viennois de cense, jusqu'à ce qu'ils soient entièrement payés de 60 sols viennois.

Ledit Raynaud accorde au prieur, à ses chanoines et convers, le pouvoir de pêcher ou faire pêcher jusqu'au rif Mosset, comme porte la sudite transaction.

Quant aux échanges à faire de la maison qui a appartenu à Pierre Taillin et est derrière l'église de St-Pierre, et du chasal qui est entre la maison de Guigue Raymbert et celle de Raimond, et du chasal du four qui a coutume d'être près de la balme appartenant autrefois à Taillin, on s'en tiendra au dire et à l'estimation de 2, 3 ou 4 amis communs choisis par chaque partie.

Si on venait à faire clôture du château du Pont par la terre ou d'autres possessions desdits prieur et église du Pont, une possession équivalente serait rendue à ceux-ci, selon l'arbitrage de Chabert Bérenger, chanoine de Romans, et d'Athénoul, chapelain de St-André ; de même, au cas où le moulin situé où il est dit ci-dessus serait bâti ailleurs.

Le prieur et ses successeurs pourront mettre le ban de 12 deniers au bois de Barret, et le seigneur est obligé de contraindre les délinquants à le payer.

Si quelqu'une des clauses précédentes vient à soulever contestation, on s'en rapportera à l'interprétation et décision desdits Chabert et Athénoul ou, après leur mort, à celles des prieurs de Chatte et de la Sône.

Les parties jurèrent l'observation de ces convenus. et ceux-ci furent approuvés par Lantelme, prieur de Ste-Croix de Quint, Lantelme *Deriveras*, sacriste de St-Pierre du Pont, Hugues, prieur de St-Martin de Vercors, Robert, prieur de St-Julien, Pierre, prieur de Vassieux, Hugues, prieur de Marignac, Hugues Lardeire, prieur de Véronne, Guillaume Ducol, Ponce Didier et Guillaume Faure, chanoines de Quint.

L'acte fut fait au château de Pont-en-Royans, dans le cloître de l'église St-Pierre dud. château, devant le chapitre, présents comme témoins lesdits prieurs et chanoines, Lambert Bérenger, chanoine de Valence, etc. ; et les parties prièrent les évêques de Valence et Die et de Grenoble d'y faire apposer leurs sceaux, avec ceux du prieur de Quint, de Raynaud Bérenger, et du prieur du Pont, et de Chabert Bérenger, chanoine de Romans, qui, de la volonté des parties, prononça et ordonna tout ce que dessus.

Puis, le 17 novembre 1277, Raynaud Bérenger fit une déclaration, par laquelle il reconnut que le moulin situé à Pont-en-

Royans, sur Bourne, sous la maison du prieuré, et qu'il possédait en commun avec celle-ci, avait été dissipé par les guerres et entièrement détruit ; que lui et cette maison devaient le reconstruire à frais communs, mais que, en vertu d'une convention, il était tenu de construire à lui seul le béal ou conduit de l'eau jusqu'aux canaux dudit moulin, et d'une largeur suffisante pour dériver toute l'eau nécessaire ; qu'il promettait à Guillaume Bermond, prieur de la maison, de faire construire ledit béal et conduire l'eau au moulin dans les 9 mois suivants; que s'il n'était pas fidèle à son obligation par rapport à la reconstruction du moulin et à cette construction du béal, il se départait entièrement, en faveur du prieur, du droit que celui-ci lui avait naguère cédé de prendre du bois pour son chauffage au bois de Barret [1].

Les chanoines de Ste-Croix cherchèrent auprès des Poitiers un appui contre des voisins trop tracassiers. En effet, le 25 novembre 1278, réunis en chapitre avec les prieurs de leurs différentes maisons, notamment avec celui de Pont-en-Royans, ils prirent un engagement avec Aymar de Poitiers, comte de Valentinois. Ils lui promirent solennellement de ne point se soumettre à une autre règle que celle des religieux bénédictins de Saint-Giraud d'Aurillac dont ils relevaient alors, sans le consentement exprès de ce comte, qu'ils considéraient ainsi que ses ancêtres comme les fondateurs et les protecteurs de leur ordre [2].

Et cependant, une transaction, qui paraît avoir été faite en 1285 et en suite de l'emprisonnement de quelques hommes du vicaire du prieuré de Pont-en-Royans, fait par le seigneur de ce lieu, dut assoupir de nouveaux différends. Par cet acte, les deux transactions de 1259 et 1276 sont confirmées, et ledit seigneur s'oblige à faire à ses dépens une écluse et un béal pour le moulin voisin du prieuré, quoique ce moulin soit construit à frais communs et que les revenus en soient communs. Les habitants du Pont sont tenus de moudre audit moulin et non ailleurs, à moins qu'ils aient à attendre 24 heures sans pouvoir

1. Ibid. — 2. Ém. PILOT DE THOREY, *Bullet. de la soc. de statist. de l'Isère,* XXIII, 222.

moudre. Le seigneur y tiendra la main, et fera en sorte que le moulin soit construit à la Saint-Michel. Les habitants qui auront des fonds dans la dîmerie du prieuré ou des églises en dépendant, payeront la dîme du blé et des légumes à la cote 10e, et celle du vin, du chanvre, des agneaux et autres choses décimables, à la cote 12e. Le chapelain du prieuré pourra aller dîner ou souper en chaque maison de lad. paroisse une fois l'an, selon l'ancienne coutume. Ledit vicaire aura droit, après le décès des hommes et femmes dudit bourg et mandement du Pont, de prendre la plus belle tunique des hommes, ou 5 sols, si le défunt l'avait ainsi ordonné avant sa mort, et la plus belle robe des femmes, ou 10 sols, si elles l'avaient ainsi ordonné avant leur décès, pourvu que les hommes eussent passé 14 ans et les femmes 12. Cet acte, intervenu entre le seigneur du Pont et le vicaire du prieuré, fut scellé des sceaux des évêques de Grenoble et de Die, et de ceux du prieur de Ste-Croix, dudit vicaire, du seigneur du Pont et des arbitres.

Au surplus, ladite année 1285, le lundi après l'octave de la Madeleine, Guillaume Bermond, alors prieur du monastère de Ste-Croix de Quint, reçoit de Didier de Sassenage, prieur de Pont-en-Royans, et en même temps viguier de Romans et abbé de St-Félix de Valence, une promesse de toute obéissance. Didier s'engage à faire servir l'église du Pont et les autres appartenant au prieuré, avec les chanoines qui ont coutume d'y demeurer, et de pourvoir à la nourriture, aux vêtements et autres besoins de ceux-ci, tant qu'il gardera ce prieuré.

Mais le monastère de Ste-Croix tombait en décadence et ne donnait pas d'espoir de pouvoir se relever seul. Pour remédier à ce mal, Jean de Genève, évêque de Die, par un acte du 4 des calendes de novembre (28 octobre) 1289, donné dans le château de Montvendre et ratifié par le chapitre de Die, céda le prieuré et ses dépendances aux hospitaliers de Saint-Antoine de Viennois. L'acte de l'union dit que celle-ci est faite pour l'honneur et louange de Dieu, pour ceux de la très glorieuse Vierge sa Mère, et du très glorieux confesseur saint Antoine, et pour l'exaltation de la très victorieuse sainte Croix. Il porte que, sans préjudice de son droit et de celui de son église de Die, le

2

prélat entend que le *maître de l'hôpital* soit *prieur dud. prieuré* de Sainte-Croix et des membres ou prieurés en dépendant, et que dans les deux mois qui suivront sa confirmation en cette double charge il ait à prêter serment de fidélité à l'évêque de Die. Il ajoute, du consentement des maîtres et frères dudit hôpital, qu'après le décès dudit évêque et de ses successeurs, il sera fait pour eux par tout l'ordre du même hôpital les mêmes offices et suffrages qu'on a coutume de faire pour led. maître quand il vient à décéder.

Les Antonins entrèrent immédiatement en possession des bénéfices de Ste-Croix, de Pont-en-Royans, de Vassieux, etc. [1]; puis, le 19 décembre de la même année, leur maître. Aimon de Montagny, par reconnaissance passée à Etoile, déclara que les prieurés de Ste-Croix de Quint, de St-Julien, de Vassieux, d'Ansage, de Barsac, au diocèse de Die, et de St-Pierre de Roche, au diocèse de Viviers, avaient tous été fondés et dotés par les ancêtres du comte de Valentinois, et que les biens temporels qu'ils possédaient relevaient du fief et de la juridiction de ce seigneur [2]. Le Pont ne figure pas dans cette reconnaissance, évidemment parce qu'il n'était pas un fief du comte.

Mais les bénédictins de Montmajour, chargés depuis deux siècles du service religieux de Saint-Antoine, venaient de quitter ce lieu, et les Antonins, jusque-là simples hospitaliers, allaient être transformés. Le 10 juin 1297, une bulle de Boniface VIII donnait à leur maison chef-d'ordre le titre d'abbaye, à leur grand maître celui d'abbé, et aux frères celui de chanoines réguliers. La règle prescrite était celle de Saint-Augustin. Des statuts élaborés en 1298 par le premier abbé, Aimon de Montagny, érigeaient la maison de St Croix en commanderie générale, et lui attribuaient 12 religieux. Dans ce nombre était compris le chef ou commandeur, qui continua longtemps encore à prendre le titre de *prieur*, à raison de l'antique monastère prieural du lieu. Dès lors, longtemps aussi ce fut du *prieuré* que continuèrent à dépendre immédiatement les prieurés

1. Arch. et fonds cit.
2. Em. PILOT DE THOREY, ubi sup.

de Pont-en-Royans, de Vassieux, etc. [1]. Il en était ainsi le 18
février 1305, jour où frère Aymon, prieur de Pont-en-Royans,
était témoin à Die d'un acte relatif à St-Martin-en-Vercors [2].

Il en était encore ainsi au milieu du XIVe siècle. Car, le 2 octobre 1345, Humbert étant prieur de Pont-en-Royans, le pape
Clément VI décréta qu'il se réservait à lui-même la première
collation qu'il y aurait à faire de ce prieuré ; si bien que, Humbert étant mort, le même pape, par lettres du 3 juin 1350 données à Avignon, conféra à Lambert Reynaud le *prieuré* susdit,
de l'ordre de Saint-Augustin, *dépendant du prieuré de Sainte-
Croix*, du même ordre, et *soumis au monastère de Saint-Antoine
dont des chanoines le régissaient*. Le pape confiait l'exécution de
ces lettres à l'archevêque d'Embrun, à l'évêque de Viviers et à
Raymond Isoard, sacristain de l'église d'Avignon, ou à l'un
d'eux. Ce dernier se chargea de l'affaire. Le 8 avril 1351, il in-
vestit, autant qu'il put le faire de loin, led. Reynaud, repré-
senté par Raymond Rotel, clerc et procureur en la cour ro-
maine, du prieuré en question ; et par acte dud. jour, fait en
son domicile, à Avignon, il enjoignit à l'abbé de Saint-Antoine,
au prieur de Sainte-Croix, et à tous leurs couvents, chanoines
et personnes, de recevoir led. Reynaud ou son représentant
pour prieur du Pont, de le faire et laisser jouir de tous les
droits et revenus attachés à ce titre.

Désormais on trouve de nombreux actes concernant le prieuré du Pont. Remarquons d'abord les suivants. En 1361, le
prieur arrente les dîmes de Choranches au curé de ce lieu ; en
1373, il alberge un tènement de maison et courtil sis à Sainte-
Eulalie, joignant l'église, à Gonnet Bayle dit *de Bounoissart*,
sous la cense de 4 sétiers forment et 1 sétier noyaux, et à condition que Bayle fera une clôture contre le cimetière, pour em-

1. Arch. et fonds cit. ; — Arch. des Bouches-du-Rhône, *Hist. de Montmajour*, I, 578-1307 ; — Aymarus FALCO, *Anton. histor. compendium*, éd. de
1534, f. lxxix r° ; — DASSY, *L'Abbaye de Saint-Antoine*, pp. 109-19, 126 et
494-500 ; — VINCENT, *Lettres sur le Royans*, p. 57 ; — *Bull. de la Soc. d'arch.
de la Drôme*, IX, 289-90; — F. de MARIN DE CARRANRAIS, *L'Abbaye de Montmajour*, p. 71.

2. Arch. de la Drôme, fonds de St-Martin-en-Vercors.

pêcher que son bétail n'y entre. Cette possession du prieuré
près de l'église de Sainte-Eulalie, et le soin pris par le prieur
que Bayle préserve le cimetière de l'accès du bétail, sont expli-
qués par la possession du bénéfice et de cette église même. Ce
prieuré les avait certainement alors ; car un pouillé du XIVᵉ
siècle nous montre le prieur payant, outre 31 livres 15 sols
et 10 deniers pour le Pont, 20 livres pour Sainte-Eulalie, de
décime papale [1].

Guy de Malsec de Chalus, évêque de Poitiers et ensuite de
Palestrine, référendaire du pape Grégoire XI, qui était son pa-
rent et le fit cardinal du titre de Ste-Croix en 1375, était prieur
de Pont-en-Royans en 1383, année où il nomma recteur de
la chapelle de St-Jean-l'Evangéliste, fondée en l'église paroissiale de l'Albenc, Etienne Blanc, en remplacement de Raymond d'Herbeys, dernier curé, décédé. Ce prélat, que le pape
Clément VIII envoya en légation en Angleterre et dans les
Pays-Bas, mourut à Paris en 1412 [2].

Ce qu'il y a surtout à remarquer, c'est l'état de prospérité
où était alors le prieuré. On y observait exactement la règle de
Saint-Augustin, et les 5 ou 6 chanoines qui en habitaient le cloître nous donnent une idée assez exacte de la vie intérieure qui
régnait dans les prieurés du moyen âge. Ainsi, frère Henri de
Boichenin et frère Salve Barnaud, de l'ordre de Saint-Antoine,
sont qualifiés de cloîtriers du prieuré du Pont, dans un testament du 10 janvier 1387, qui intéressait l'église, le curé et le
sacristain du lieu, et auquel ils assistèrent comme témoins [3].
Mais c'est surtout la visite de l'évêque en 1399, et celle du commandeur de Sainte-Croix en 1406, ainsi que l'inventaire du prieuré rédigé à cette dernière date, qui vont nous édifier sur l'é-
tat de ce prieuré.

Le dimanche 22 juin 1399, Aymon de Chissé, évêque de
Grenoble, en cours de visite dans son diocèse, arriva *au prieuré
ou à l'église paroissiale* de Pont-en-Royans vers l'heure de

---

1. Arch. cit., fonds de Ste-Croix ;—Ul. Chevalier, *Polypt. Gratian.* et
Diens. — 2. Pilot de Thorey, ubi sup., p. 228.
3. Arch. et fonds cit.

vêpres ; le curé du lieu lui alla au-devant avec les frères du prieuré, des cierges allumés, précédés de la croix et de l'eau bénite, au son des cloches, et le prieur présent. Reçu par le prieur, le curé et les frères, l'évêque entra dans l'église du prieuré, et, y ayant fait une prière, se rendit au cloître, puis alla loger dans la ville, où il soupa et coucha. Le lendemain, le prélat alla à lad. église, y entendit la messe, se revêtit des habits pontificaux, et fit la procession, à laquelle le prieur alla et fut présent avec le curé et les frères du lieu ; puis le cha-pelain de l'évêque annonça les causes de la visite, et on visita l'église et le prieuré, où tout se trouva en bon état [1].

Quant à la visite du commandeur, avant d'en indiquer les résultats, il faut citer un acte intéressant qui en fut cause. En voici la traduction aussi claire que possible.

« A vénérables et religieux hommes Monseigneur l'abbé et Messieurs du couvent et chapitre de Saint-Antoine, avec humble supplication, est exposé de la part de votre humble sujet frère Jean de Bozac, prieur du prieuré de Pont-en-Royans, que ses frères et religieux dud. prieuré et le curé lui ont expo-sé ce qui suit : Le sacristain de ce prieuré est depuis longtemps dans l'usage de percevoir toutes les oblations d'argent et de cire faites dans l'église paroissiale du lieu, sauf les chandelles des femmes se levant de couches ; et, pour cela, il a coutume de fournir le luminaire de toutes les messes qui se célèbrent dans cette église, et doit aussi fournir les hosties, ainsi que l'encens, aux fêtes mineures, aux premières et aux secondes vêpres, et à matines, et à la grand'messe, et des chandelles allumées en trois ou quatre autels. Il a aussi coutume d'appe-ler les clercs du prieuré pour qu'ils sonnent les cloches (sim-bala) à matines et aux autres heures, et aussi les autres frères du prieuré pour qu'ils disent ces heures ; et de résider dans le prieuré, pour aider à dire ces heures et pour veiller sur les frères et les autres paroissiens dud. prieuré. Malgré cela, frère Pierre Valenson, sacristain actuel du prieuré, ne veut fournir les chandelles qu'aux messes de paroisse, ce qui fait laisser le

1. Ul. CHEVALIER, *Visites pastorales du diocèse de Grenoble*, p. 88.

divin office et plusieurs messes, et les fera laisser désormais,
si on n'y pourvoit, à moins que les religieux n'achètent eux-
mêmes les chandelles, ce qu'il serait mal de souffrir. Il refuse
aussi de fournir l'encens et les cierges aux fêtes majeures, sauf
à un autel. De plus, le même frère Pierre ne résidant pas dans
le prieuré, comme il devrait, on manque souvent de sonner et
de dire des matines et des heures. Au lieu de veiller sur les
autres, frère Pierre a proféré plusieurs injures et menaces tant
contre le suppliant que contre ses frères et d'autres, paroissiens
dud. lieu du Pont, tant devant la dame du même lieu qu'ailleurs et dans les cabarets. Il est exposé aussi, que le même
frère Pierre a juré de n'entrer ni manger dans la maison de
Falcone, femme de François Autin, et que, malgré ce serment
et l'avertissement que lui a donné le suppliant, il ne laisse pas
d'entrer et manger dans cette maison, en blamant notre ordre.
Enfin, il est encore exposé que la communauté de la ville du
Pont vient de remettre au suppliant une supplique contre ce
frère Pierre, à propos d'une construction récente avec des
latrines, une porte, des fenêtres, et d'un empiètement sur le
cimetière, supplique qu'il transmet, et choses sur lesquelles
Messieurs les commandeurs de Sainte-Croix et de Chambéry
ont reçu des informations. Donc, humble supplication à votre
Seigneurie de la part de qui dessus, qu'il lui plaise remédier à
ces choses d'une manière opportune, attendu que frère Pierre
est des hommes de cour et de la maison de la dame dud. lieu
du Pont, que c'est un intrigant, et que le suppliant n'oserait
pas en faire justice. »

L'abbé chargea de l'affaire Guigues Robert, prieur claustral
du monastère de Saint-Antoine et commandeur de la maison
antonienne de Sainte-Croix, et Aymon Quartier, chanoine dud.
monastère. Ceux-ci allèrent au prieuré de la maison de Saint-
Antoine de la ville de Pont-en-Royans, dont ils visitèrent la
maison et le cloître. Ils virent un mur récemment construit
dans led. prieuré par frère Pierre Valenson, sacristain de ce
même prieuré. Ce mur était situé près de la chambre de la
sacristie, au levant, et joignait la rue conduisant de la ville à la
Bourne. Après mure inspection et longue délibération avec

plusieurs religieux du prieuré, les commissaires enjoignirent à
frère Pierre Valenson, qui était présent : de faire fermer avec de
bonnes pierres la fausse porte (*poterlam*) pratiquée dans le mur
neuf et conduisant à la rue de la Bourne ; de faire munir de
grosses barres de fer les deux ouvertures étroites laissées dans
le mur, de manière à ce que personne n'y pût mettre la tête ;
et de faire écouler dans la terre par un bon conduit les latrines
construites dans ce mur, ou de les murer par en haut, de sorte
que ni odeur ni liquide puant n'incommodât ceux qui passaient
par lad. rue. Ces ordres, donnés le 5 novembre 1406, devaient
être exécutés avant la mi-carême, et cela sous la vertu d'obéissance et sous la peine que frère Pierre pourrait encourir envers le seigneur abbé dud. monastère et sa religion. Acte de
tout fut dressé par Martin Melluret notaire, au prieuré, dans le
réfectoire ; et aussitôt Martin, dit Martin de Chappeverse, procureur de la dame dud. lieu du Pont, déclara ne pas consentir
à ce que dessus, et même protester de recourir à l'appel, si et
en tant que cela serait préjudiciable à cette dame [1].

Le lendemain, 6 novembre les mêmes commissaires, s'in-
forment et s'assurent bien, auprès de vénérables et religieux
hommes messieurs frères Salve Barnaud, curé de Sainte-Eulalie, Jean Bonnet, chanoines cloîtriers du prieuré, de monsieur
Martin, curé dud. prieuré, et de quelques hommes probes de

---

1. Celle-ci était Alix de Chalon, que François II baron de Sassenage,
seigneur de Pont-en-Royans, avait épousée en 1394 et laissée veuve en 1399.
On a 2 transactions passées entre le prieur du Pont et elle. La première,
de 1403, dit que le portail mis au vingtain, devant la porte de l'église prieurale, et appelé *du Broil*, demeurera ouvert tous les jours pour le service
du prieuré et des intéressés, à la charge qu'il sera député un homme pour
le fermer le soir et l'ouvrir le matin. La seconde, de 1412, dit que la dame
permet au prieur de faire percer la muraille au vingtain de la ville du
Pont hors la porte du prieuré faite de neuf, pour l'écoulement des eaux
du cimetière du lieu hors ledit vingtain, c'est-à-dire hors des murailles.
Le prieur paya pour ce à la dame 12 florins. Elle dit encore que le prieur
tient la dame quitte de la dîme du vin de ses vignes, et qu'en retour la
dame tient le prieur quitte d'une obole d'or par an qu'il lui devait en
vertu d'un contrat reçu par Etienne Bouvier notaire, et par Jean Bayle,
aussi notaire, signataire de la 2ᵉ transaction. (Arch. de la Drôme, fonds
cit. ; — CHORIER, *Hist. de... Sassenage*, p. 53-5).

lad. ville du Pont, des coutumes, ordonnances et statuts de ce
prieuré. Puis, basés sur les ordonnances et coutumes des autres
maisons dud. monastère depuis fort longtemps observées, lesquelles ils veulent suivre et observer le mieux possible, ils or-
donnent ce qui suit :

Le sacristain percevra toutes les oblations et offrandes faites
dans l'église du prieuré du Pont, sauf le pain, le vin et les
cierges des femmes se levant de couches, comme il a été d'u-
sage jusqu'ici. A raison de ce, led. sacristain fournira le maître
autel du prieuré de 2 cierges en cire pour les matines, la
grand'messe, les vêpres et les complies, aux fêtes solennelles
de 4 chapes ; de 2 chandelles pour les mêmes offices aux fêtes
communes, et d'une chandelle pour lesd. heures les jours
fériés.

Il fournira des chandelles et des hosties pour toutes les
messes à dire dans le prieuré et son église, et l'encens aux premières et secondes vêpres, ainsi qu'à la grand'messe, dans les
fêtes solennelles de 4 chapes.

Il résidera et demeura personnellement dans le prieuré, pour
dire et faire dire les heures, sonner et faire sonner les cloches
(campanis). Toutefois, le prieur lui fournira, à ses propres frais,
un clerc capable, qui couchera près de la chambre dud. sacristain, lequel devra l'éveiller chaque jour pour sonner les matines et les autres heures ; et les jours de fête ou même les
autres, s'il est nécessaire, chaque fois qu'on sonnera toutes les
cloches, le sacristain aidera le clerc par lui ou par un autre.

Ce clerc aura pour led. travail les émoluments accoutumés.

L'acte, fait dans le prieuré et en la chambre du prieur, en
présence de Martin de Chappeverse, Pierre Botarin, notaires,
et Mondon de Mercure, chantre, habitants du Pont, fut reçu
par Martin Melluret notaire.

Enfin, led. frère Robert, commandeur de Sainte-Croix, et
patron du prieuré du Pont à cause de sa commanderie de
Sainte-Croix, fit, le même jour 6 novembre, sa visite et
l'inventaire du prieuré. Les biens meubles et immeubles lui en
furent indiqués ou montrés par vénérables et religieux hommes
frères Jean de Bosac, prieur, Pierre Valenson, sacristain, Salve

Barnaud, curé de Sainte-Eulalie et chanoine cloîtrier dud.. prieuré, et Peronon Botarin, notaire du lieu. En voici l'indication.

Les fonds sont : 1 vigne de 80 fessorées, située *en la maladeri*, du pur, *mère* et franc alleu du prieuré ; 1 pré de 2 sétérées, près de lad. vigne, et un autre pré de 3 sétérées, situé dans la paroisse de Sainte-Eulalie, tous deux de pur, *mère* et franc alleu ; 1 montagne appelée *Barret*, où on a coutume de prendre du bois pour chauffer le four, et où le seigneur du Pont en prend aussi ; 1 champ de 30 sétérées, du pur et franc alleu du prieuré.

Les censes, pensions et revenus annuels sont de : 23 sétiers 1 quartal de froment ; 3 sétiers 3 quartaux de seigle ; 13 sétiers 7 quarts d'avoine ; 26 poules 1/3 ; 3 quartaux de noyaux ; 1 émine de châtaignes blanches ; 1 émine de châtaignes vieilles ; 15 florins 5 gros 4 liards et 1 denier de monnaie [1] ; 11 charges de paille, 8 de pieux pour les vignes ; 3 émines 1 quartal de de vin pur ; environ 30 sétiers de tous blés, année commune des blés ; environ 80 sétiers de vin, année commune des dîmes vin. Plus, l'église paroissiale de Chorenches ou son curé, comme dépendant dud. prieuré du Pont, fait et a coutume de faire à celui-ci 26 florins d'or de pension par an ; de même, le curé de Châtelus lui fait et a coutume de faire 8 sétiers de froment et 7 de blé brun de pension par an ; de même, le curé de St-Michel d'Echevis lui fait 2 sétiers de froment de pension

---

1. Plusieurs de ces censes annuelles figurent dans des reconnaissances antérieures. Ainsi, en 1399, Jean Bonnache, de Châtelus, reconnaît tenir en emphytéose et du domaine direct du prieuré du Pont, une maison située vers l'église et près de la cure dud. Pont, sous la cense de 3 deniers, avec le plait accoutumé. En 1403, Talmon Géraud, du Pont, reconnaît tenir comme dessus, dud. prieuré : une maison au bourg inférieur dud. Pont, près de la cure, sous la cense de 6 den. ; une terre avec pré, située dans les *Gorges* sur le chemin du Pont à St-Laurent et sous celui *Buoni Yssairi*, sous la cense de 1/2 quarte d'avoine et de 1/2 petit *torneys* ; 1 vigne avec blache, située *in Buoni Yssairo*, sous cense de 8 den. ; 1 terre, à Ste-Eulalie, vers *Bologne*, et 1 vigne, aussi à Ste-Eulalie, sous le courtil de *Batalhon*, sous la cense de 1 quartal seigle et 9 deniers : tout cela avec le plait accoutumé. (Ach. de la Dr., fonds cit.)

3

par an 1.

Les meubles ustensiles présentement dans le prieuré sont :
au rez-de-chaussée de la maison du prieuré, 15 tonneaux, 1
cuve, 4 arches, 5 lits, environ 30 linceuls, 10 couvertures ; à la
cuisine, 1 *côqpedium* en fer, 2 marmites en cuivre, 2 poêles à
frire, 2 cuillers en cuivre, etc.

Il y a aussi la moitié du profit et émolument du four de la
ville, laquelle vaut communément 10 sétiers de froment par
an ; et la pêche de la Bourne au-dessus du pont de pierre,
durant un quart de lieue, et où peuvent également pêcher les
seigneurs du Pont pour l'usage de leur maison.

Dans la chambre du prieur sont de nombreux actes intéressant le prieuré du Pont et enfermés dans un coffre.

Les biens, joyaux, ornements et vêtements existant dans
l'église du prieuré sont : 1 croix d'argent ; 1 croix de laiton ; 3
calices avec leurs patènes, dont un est doré en dedans, et mar-
qué aux armes du sieur commandeur de Liège ; 1 chasuble
dorée, avec ses aube, étole et manipule, munis d'or et de soie ;
1 chasuble verte avec croix en velours rouge, avec ses aube
étole et manipule, garnis de fil doré ; 1 autre chasuble ; 1
autre, en coton blanc, donnée par religieux homme frère Jean
Ardein ; 1 autre, fourrée de toile rouge, marquée aux armes
du seigneur de Sassenage ; un morceau d'étoffe où sont de
nombreuses reliques et une petite croix d'argent avec 5 pierres ;
1 tête des 11000 Vierges ; 2 prie-Dieu de chef (*oratoria capitis*)
donnés par Mme de Sassenage ; 1 coffre pour tenir les joyaux
de l'église, et une armoire avec ses serrure et clefs ; dans la

---

1. L'ancienne dépendance de l'église et de la paroisse St-Michel d'Echevis envers le prieuré du Pont est encore attestée par une transaction de
1420. Cet acte dit que frère Jean de Bozac, de l'ordre de St-Antoine,
prieur de Pont-en-Royans, réclamait, comme patron de l'église paroissiale
St-Michel d'Echevis qu'il était à raison de son prieuré, la dépouille et les
biens meubles et immeubles de François Jaffin, jadis curé dud. Echevis.
Les héritiers naturels en avaient pris possession et refusaient de s'en dé-
saisir. Enfin, on s'accorda par l'entremise de Guillaume Botarin, curé de
Choranche, et de noble Jean Bayle, châtelain de Rencurel. Les héritiers
donnèrent seulement 12 florins d'or, savoir 2 aux entremetteurs, et 10 au
prieur, qui s'en contenta (Ibid.).

chapelle de St-Antoine, un autel garni de 3 nappes, de corporaux et d'une petite couverture de peu de valeur, et à l'entrée,
la serrure et la clef ; l'autel de St-Jean, muni de 3 nappes,
avec une étoffe par-dessus ; l'autel de St-Pierre, muni de 4
nappes, de corporaux et de 2 étoffes pour le couvrir ; l'autel de
Ste-Catherine, muni de 2 nappes et de corporaux avec un pa-
rement de toile par devant ; un grand crucifix en bois ; 1 bannière en *boucassin* blanc avec croix rouge ; 1 autre bannière,
en soie avec croix blanche de boucassin ; le grand bréviaire de
l'église même ; un missel bon ; un *offizier* pour chanter ; un
missel ancien ; un epistoler ; 2 livres appelés *legender* ; 4 livres
des quatre docteurs ; 6 livres tels quels ; des fers d'hosties ; 1
broc pour tenir les hosties ; 1 psautier ; un livre *capituler* ; un pot
en terre pour tenir l'huile ; 2 petits bassins de laiton ; une na-
vette pour l'encens ; 2 petits candélabres en fer ; une chape en soie
fourrée de toile, donnée par frère Hugues Ardein ; un encen-
soir ; 1 petite cloche de métal ; 2 nappes récemment données
par Loyrette ; 2 candélabres de laiton pesant environ 2 livres,
et 1 belle croix, donnés par frère Hugues Ardein ; 1 custode
de laiton dorée ; 1 ornement vert orné de fil doré en guise de
rosier, où sont chasuble, dalmatique et tunique, avec leurs é-
tole et manipule de couleur assortie ; 1 toile peinte avec l'image
de St-Grégoire : tout cela donné par frère H. Ardein ; une toile
peinte pour couvrir l'autel de Ste-Catherine ; dans la chapelle
du St-Esprit, un autel avec l'image du St-Esprit et 1 petit
crucifix ; etc.

Il y a présentement dans le prieuré religieux hommes frères
Jean de Bozac, prieur, Pierre Valenson, sacristain, Salve Barnaud, curé de Ste-Eulalie, Jean Bonnet, Pierre Bayle, frères
conventuels du prieuré, et le curé séculier de ce prieuré. Pierre
Bayle doit recevoir 7 florins pour vestiaire, à raison de la chapelle du St-Esprit, fondée en l'église dud. prieuré, et Jean
Bonnet doit en recevoir 5 pour son vestiaire.

Tous ces joyaux sont à la garde et à la responsabilité de
Pierre Valenson, sacristain. Dont acte, fait en la chambre dud.
prieur, témoins Martin de Chappeverse not^e, Mondon de Mercure chantre, et monsieur Martin Nervon, curé de lad. église,

et reçu par Martin Melluret notaire [1].

Frère Jean de Bozac était encore prieur du Pont en 1424, année où il y avait différend entre lui et la paroisse de Sainte-Eulalie, au sujet de la dîme des chevreaux, des agneaux et des pourceaux, réclamée par le prieur, et aussi du service de cette paroisse. Ce différend fut remis à l'arbitrage d'Antoine de Sassenage, seigneur de Saint-André-en-Royans, et du juge ordinaire du Pont ; et le 12 mars 1425, Antoine de Sassenage décida : que le prieur tiendrait les paroissiens de Sᵗᵉ-Eulalie quittes de tout arrérage de cette dîme, que chaque partie serait quitte des frais faits au sujet de celle-ci par la partie adverse, que lad. dîme serait désormais payée à la côte 13ᵉ, que le prieur pourvoirait à ce que le curé de Sᵗᵉ Eulalie chantât la messe dans l'église de cette paroisse tous les dimanches et autres fêtes annuelles, et à ce qu'il y dît basse tous les lundis de carême. Les paroissiens pourraient s'informer s'il leur était dû un service les autres jours.

Trois ans plus tard, frère Jean *de Ledigastem* était prieur du Pont et avait, à ce titre, avec Etienne Bernard, curé du même lieu, un différend au sujet d'une maison sur la rue et occupée par le curé. Le prieur disait que, cette maison étant de la directe du prieuré, le curé aurait dû s'en faire investir et en payer la cense annuelle de 3 deniers, et que, faute de ce, la maison était tombée en commis. Le curé répondait que monsieur Martin Verneyson, qui lui avait donné cette maison, en avait été investi et l'avait reconnue envers le prieur, et qu'il s'agissait seulement de payer les arrérages des 3 deniers de cense. Enfin, le 1ᵉʳ octobre 1428, Pierre Botarin notaire, choisi pour arbitre, décida que cette maison resterait toujours à la cure, que tout curé en ferait reconnaissance au prieur, à toute mutation de l'un et de l'autre, avec 2 florins d'or pour amortissement et lods aussi à chaque mutation, et en payerait la cense annuelle de 3 deniers.

Frère Pierre Bayle venait de prendre possession du prieuré du Pont, quand, à titre de prieur, le 8 juillet 1434, il passa

---

1. Arch. et fonds cit., orig. pap. lat., cahier de 4 ff. coté z.

quittance à Étienne Bernard, curé, de 2 florins d'or pour amortissement de la maison ci-dessus.

Le même Pierre Bayle paraît comme prieur dans deux actes du même jour, 9 décembre 1439. Le premier est une réduction par lui faite en faveur du curé de Châtelus, d'arrérage des 6 sétiers froment et 3 sétiers avoine de pension annuelle due au prieuré par ce curé. Le second est un contrat par lequel Bayle remet cette pension même au curé, tandis que celui-ci cède au prieur les dîmes de toutes choses, légumes seuls exceptés, dépendantes de sa cure et formant un certain canton proche du Pont ; cela cependant, avec faculté pour le curé de Châtelus de recouvrer ce canton de dîme quand il voudrait, en se soumettant de nouveau à payer et reconnaître la pension [1].

Après Pierre Bayle, encore prieur en 1465, M. Pilot de Thorey a trouvé Guillaume Chaléon qualifié prieur de Pont-en-Royans dans un acte du 20 avril 1483 [2] ; et cependant une transaction du 8 août de la même année est passée entre frère Antoine Vallin, prieur dud. Pont, et dom Pierre Michon, prieur de la chartreuse de Bouvante, au sujet des biens que celle-ci avait à Choranche, et pour lesquels elle se prétendait exempte de la dîme [1].

Sous Amédée de Grolée, prieur dès le 20 juillet 1488, le service prieural fut prospère. Le pouillé des bénéfices du diocèse de Grenoble de 1497 porte que le prieuré et la paroisse du Pont ont une seule et même église, que le prieuré est de l'ordre de Saint-Augustin et dépendant du monastère de Saint-Antoine en Viennois, que ses revenus montent à 80 florins, qu'il doit y avoir un prieur avec le sacristain et deux cloîtriers dud. ordre, avec le curé. Le prieur, les religieux et le curé reçoivent l'évêque visitant, mais le curé seul est sujet à la visite et à la procuration. La cure est à la présentation du prieur, qui a en outre dans le diocèse de Grenoble le patronage des deux églises unies de Choranche. Les chapelles de la Ste-

1. Id., copies des 17e et 18e s.
2. Ubi sup., p. 228.
3. Arch. et fonds cit., cop. du 17e s.

Vierge, de St-Sébastien, de St-Jean Baptiste, du St-Esprit, de St-Antoine, de Ste-Catherine et de St-Michel, regardent la communauté des prieur, religieux et curé, et sont desservis par eux [1].

Cependant, le 4 avril 1500, une fondation importante augmenta encore le service religieux et les revenus du prieuré. Ce fut l'œuvre de vénérable homme Eynard Poudrel, autrement dit Boysson, marchand du Pont. Cet homme, dit l'acte, considérait et avait souvent repassé dans son cœur le précepte du Sauveur : *Ne vous faites pas des trésors sur la terre, où la rouille et les vers les consument, et où les voleurs les déterrent et les dérobent. Mais faites-vous des trésors dans le ciel, où ni la rouille, ni les vers, ne les consument point, et où il n'y a point de voleurs qui les déterrent et les dérobent. Car où est votre trésor, là est aussi votre cœur* [2]. Il se rappelait aussi ce que dit l'Apôtre : *que nous devons tous paraître devant le tribunal du Seigneur, pour y recevoir ce qui sera dû aux bonnes ou aux mauvaises actions que nous aurons faites pendant que nous sommes revêtus de notre corps ; qu'il faut se préparer par des œuvres de piété au jour du dernier jugement ; et que celui qui sème peu, moissonnera peu, tandis que celui qui sème avec abondance, moissonnera avec abondance, la vie éternelle* [3]. Excité par tout cela, mu par son dévouement envers l'église de sa paroisse, et voulant travailler au salut de son âme et de celles de ses parents et bienfaiteurs, de son plein gré, pour la louange et l'honneur de Dieu tout-puissant, de Notre-Dame et de tous les Saints, et pour le rachat des péchés de lui, de ses parents et amis, il fonde des heures canoniales dans l'église St-Pierre du Pont de la manière que voici :

Ceux qui desservent cette église, et leurs successeurs, seront tenus d'y dire et chanter, tous les jours et à perpétuité, les heures canoniales, c'est-à-dire matines, laudes, prime, tierce, sexte, none, vêpres et complies, de la manière usitée dans l'é-

---

1. Em. PILOT DE THOREY, ubi sup., p. 228.—MARION, *Cartul. de St-Hugues*, p. 359-60.

2. MATTH., VI, 19-21.

3. *II ad Cor.*, V, 10 ; IX, 6 ; *ad Gal.*, VI, 8-10.

glise de St-Antoine en Viennois. De plus ils diront chaque
jour à haute voix avec chant la messe qu'ils ont l'habitude de
célébrer ; toutefois, s'ils étaient pris pour des services hors du
Pont, ils pourraient la dire matin ou autrement, à leur volonté.
Ils célébreront aussi chaque année à perpétuité, en la fête de
l'Annonciation et en celle de la Toussaint, ou un jour avant ou
après, un service *(cantare)* pour le salut de l'âme du fondateur
et de celles de ses parents et bienfaiteurs, avec la procession
solennelle usitée en pareil cas. Aux fêtes solennelles de la
Sainte-Vierge, cette grande messe devra être dite avec diacre
et sous-diacre, sauf excuse légitime.

Pour tout cela Poudrel fait donation entre vifs et irrévocable
de 1200 florins petite monnaie, le florin étant de 12 sous et le
sou de 4 liards.

Immédiatement, cette fondation est acceptée par vénérables
et religieux hommes frère Amédée de Grolée, prieur [1], Guillaume Chaléon, sacristain, Claude Bouvier, cloîtrier, monsieur
Mathieu Chaléon, comme procureur de frère Pierre Chaléon,
curé de Ste—Eulalie et cloîtrier, et monsieur Pierre de Turron ;
et cela, à condition que l'abbé de St-Antoine et son chapitre y
consentiront. L'acte, passé dans le réfectoire du prieuré, fut
reçu par deux notaires ensemble, et en présence de 15 témoins.

Quelque généreux que fût le don de l'honorable marchand
du Pont, il ne répondait cependant pas aux charges indiquées
dans l'acte. Mais il est très facile d'expliquer cette dispropor-
tion. La partie de beaucoup la plus considérable de ces charges
faisait depuis deux siècles et plus l'objet d'un devoir essentiel
des chanoines réguliers du Pont. Ceux-ci, en les acceptant, ne
faisaient que s'y obliger à un nouveau titre, et céder à Poudrel
une part spéciale du fruit de leurs prières. En tout cas, la fondation fut certainement reconnue et confirmée par l'abbé de
Saint-Antoine et son chapitre, car les chanoines demandèrent,
et sur l'ordre de François Audechaude, juge ordinaire du Pont,
donné à Saint-Marcellin le 11 juillet 1539, le notaire Jause leur
en délivra une expédition [2].

1. Am. de Grolée *est encore prieur du Pont le* 17 octobre 1503 (Arch. et
fonds cit.). — 2. Arch. et fonds cit., copie.

Un acte du 5 juin 1511 témoigne de l'union du petit bénéfice de Laval-Saint-Mémoire à la cure de Sainte-Eulalie, dépendante elle-même du prieuré du Pont, comme nous l'avons vu. Cette union remontait déjà à plus d'un demi-siècle, puisque nobles Jean et Antoine Bayle frères, de Pont-en-Royans, vendaient, en 1453, à Pierre Chapoton, prieur de Valchevrière, et Guillaume Chaléon, prieur de Saint-Mémoire et curé de Sainte-Eulalie, une pension de 5 florins pour 100 florins [1]. Or, en 1511, frère Jean Doyon, qui avait succédé depuis peu à Pierre Chaléon dans la cure de Sainte-Eulalie, était à ce titre curé et recteur de Saint-Mémoire. Il demandait aux habitants de ce dernier lieu, *ses paroissiens*, la dîme à la cote 10e des blés, légumes, chevreaux, agneaux, etc. ; mais les habitants prétendaient être dans l'usage de ne payer que la 25e partie des blés et rien pour les autres choses. On s'en remit à l'arbitrage de frère Mathieu Chaléon, sacristain du Pont, de noble François Izerand et de noble Jean Bayle, châtelain dudit Pont, par l'intervention desquels on convint que la dîme des blés et légumes serait payée à la cote 18e, celle du vin (sauf celui des arbres), à la 18e, et celle des chevraux, agneaux, etc., à la 13e. Le curé subordonna l'accord au consentement du commandeur de Sainte-Croix et du prieur du Pont.

Ce dernier était en 1516 le célèbre mathématicien Jean Borrel, autorisé alors par le vice-légat d'Avignon à posséder plusieurs bénéfices [2]. Sous ce prieur, qui ne résida guère, beaucoup d'actes relatifs au prieuré n'ont qu'un intérêt minime. En 1522, Magnin passe procuration à Michel de Colonges, en faveur de Mathieu Chaléon, prêtre de Pont-en-Royans [3]. En 1537, frères Mathieu Chaléon, sacristain ; Claude Bouvier et Arthaud Blanchard, « religieux claustriers » ; Pierre de Turron, curé, et Me François Truchon, « prêtres séculhiers de l'églize du Pont », chargent Jean Macaire-Bimat d'exiger « toutes pensions, sommes et aultres

1. LACROIX, *Invent. des arch. de la Drôme*, E, 2301.
2. Arch. et fonds cit., copie du 18e siècle.
3. LACROIX, op. cit., E, 2347.

pour ladite églize. » En 1540, les mêmes « religieulx » passent au même un « bail à recevoir » lesdits revenus « pour une année pour le pris de cl vj ff., réduictz à xxxj écus 12 s. qu'il dict Macaire payera auxdits religieulx, avec plusieurs pactes. » En 1542, un nouveau bail spécifie que Macaire délivrera pour prix d'une année 163 florins audit prieuré, savoir : 33 florins à frère Claude Bouvier, et 26 à chacun des cinq autres religieux et séculiers bailleurs.

Mais le 23 décembre 1546, frère Jean Borrel résignait le prieuré entre les mains de François de Langeac, vicaire général de l'abbé, qui était alors le cardinal de Tournon, et entre celles des définiteurs du Chapitre général de l'ordre, aux fins de son union à la mense conventuelle de l'abbaye. En échange d'une pension qu'il s'était réservée sur le revenu de ce prieuré, le Chapitre général lui céda, le 18 janvier 1548, le revenu des maison et domaine de Balan.

Le 24 mars 1547, des lettres patentes de ce Chapitre portaient union du même prieuré à la mense conventuelle, et un décret du même Chapitre général ordonnait que le chapitre du monastère en serait mis en possession en la personne de son procureur ; puis, le 30 du même mois, en vertu d'une procuration de la veille, les frères Jacques Thozel et Étienne Bertholinat prenaient possession du prieuré du Pont, au nom du chapitre (1).

III. Prieuré nouveau.

Par sa réunion à la mense conventuelle de l'abbaye de St-Antoine, le prieuré du Pont perdit forcément de son autonomie. En mai 1550, ce sont « venerables personnes Jacques Tousel, grand secrestaing, et Michel Gottafrey, brasier du prieur de St-Anthoine », qui louent « le fourt du Pont » à Thomas du Sert pour trois ans au prix de 84 florins en tout, et qui louent à Jacques Terrot deux prairies du prieuré. En avril 1552, c'est le chapitre de St-Antoine qui oblige François Terrot à payer la dîme du vin pour une vigne que ce dernier avait acquise du seigneur du Pont, et qui en avait été exempte jusque-là. Vers 1561, c'est le chapitre qui reçoit les reconnaissances et fait les albergements pour le prieuré ; ce sont religieuses personnes les grand prieur, couvent, religieux et chapitre de la grande abbaye de St-Antoine qui transigent avec les Chartreux de Bouvante au sujet de biens que ceux-ci ont dans la dîmerie du Pont. Au surplus, la cure de ce lieu ayant passé aux Antonins par le don que le

(1) Arch. et fonds cit.; — E. Pilot de Thorey, *ubi sup.*, p. 223.

4

pape Paul III en avait fait à frère Jean Villars, il semblait que le zèle et la charité dussent s'exercer et se développer désormais avec un accord plus facile. Mais un mal secret paralysait la communauté du Pont et trompait ces espérances.

Ce mal n'était autre que l'affaissement dans lequel étaient alors les affaires et surtout la régularité de l'ordre entier de Saint-Antoine. Tous les membres de ce grand corps en éprouvaient les atteintes, et nous sommes obligé de dire que, au Pont, quand la cure passa d'un séculier à un régulier, les réguliers s'étaient presque sécularisés. Divers actes, entre autres le bail de 1542 cité plus haut, nous représentent ceux-ci comme ayant des intérêts pécuniaires privés.

Cependant, ces mêmes actes prouvent que le sacristain et les simples religieux occupaient ensemble le prieuré et y avaient table commune. N'est-ce pas ce qui ressort d'une « promesse » du 9 juin 1551, « faicte à la faveur desdicts religieulx par Jacques Terrot, bouchier du Pont, de leur fornir durant l'espace de iij années de chair de mouton et de bœufs à raison le mouton la livre viij d. et le bœufs vj d. ? » (1)

Mais, hélas ! régularité, services canonial et paroissial, jusqu'à l'existence même des religieux et des prêtres, étaient à la veille de sombrer complétement au milieu de la plus affreuse tempête.

Depuis plusieurs années, les guerres civiles et religieuses infestaient les principales villes de Dauphiné. Heureux de pouvoir couvrir leur ambition d'un motif ou plutôt d'un prétexte religieux, des chefs désœuvrés parcouraient les bourgs comme les villes en les rançonnant. Les peuples étaient peu soucieux d'une occupation militaire dont le seul résultat était ordinairement pour eux une dépense, souvent un danger personnel. Soit passion de quelques-uns, soit crainte du plus grand nombre, les combats et les luttes n'étaient suspendus un instant que pour recommencer plus fort et sur un plus vaste théâtre. Le feu, allumé en Allemagne par l'apostat Luther, jetait des flammes sur presque tous les coins du Dauphiné. Pont-en-Royans, par sa position entre les montagnes et la plaine de Romans et de Saint-Marcellin, et par les remparts naturels et autres dont il était environné, avait bien quelque importance stratégique ; il ne pouvait manquer d'attirer l'attention des chefs d'armée et de bande. Des historiens, appuyés sur un mot de Chorier et amplifiant son récit, affirment que Montbrun avait pris notre petite ville en

(1) Arch. et fonds cit. — DASSY, L'Abbaye de Saint-Antoine, pp. 240-52.

1560, au nom du protestantisme, et y avait laissé une garnison en allant soutenir les protestants du Comtat (1). Les archives de Malaucène confirment absolument leur récit en ce qui tient aux ravages de Montbrun dans le Comtat en 1560 (2). Nous l'avons admis nousmême ailleurs en ce qui regarde les exploits de ce chef huguenot dans le Royans, mais sans le contrôler (3), et sur ce point il n'est pas suffisamment prouvé. Ce qu'il y a seulement de certain, c'est que le trop fameux François Tempeste, ancien cordelier, qui avait prêché l'hérésie à Montélimar en 1560, et Denis d'Hérieu furent ministres de celle-ci à Pont-en-Royans, le premier en 1561 et 1562, le second de 1561 à 1607 (4).

Sans doute les Antonins y conservèrent un pied ; car des actes authentiques nous apprennent que le 7 mars 1564, « frères Pierre Aubejon, soubz aulmonier, et Jehan de la Serne, chanoÿnes claustriers du venerable couvent et monastère de Sainct Anthoine de Viennois », procureurs « des aultres messieurs les religieux dud. Sainct Anthoine », avaient « arrenté a frère Mathieu Bergier, religieux curé du Pont de Royans, et a m[e] François Rey », curé de Châtelus, « le prioré dud. Pont, avec tout le revenu et esmoullumentz d'icelluy prioré, pour le terme » de 3 ans, au prix de 120 florins petite monnaie par an. De plus, « lesd. rentiers » avaient promis « de norrir et entretenir le nombre des prebtres acoustumé, et, oultre led. nombre, ung homme de bien prebtre, au lieu du prieur, pour faire le dyvin service de l'esglise Roumeine acostumé d'ancienneté durand lesd. » 3 ans. Ils avaient encore promis de satisfaire à d'autres charges incombant au prieuré, et de fournir caution auxd. religieux créditeurs ; et, pour accomplir cette dernière promesse, Rey, « droict ayant dud. frère Mathieu Bergier », donna pour caution « Jacques de Lers, marchand du Pont », par acte du 16 janvier 1565, passé aud. « Pont, au lieu du prioré, en la chambre basse (5). »

Mais la résidence au Pont des ministres dont nous avons parlé, ne s'accorde que trop bien avec ce que dit Chorier : que vers 1565 le baïlliage de Saint-Marcellin était en proie à des troubles fu-

(1) CHORIER, *Hist. gén. de Dauphiné*, II, 546. — LONG, *La Réforme et les guerres de religion....*, pp. 41 et 76. — VINCENT, op. cit., p. 61-3.

(2) Ferd. et Alfr. SAUREL, *Hist. de la ville de Malaucène*, I, 282-8.

(3) *Revue du Dauph. et du Vivarais*, V, 172.

(4) *Bullet.* cit., V, 112 ; VIII, 388.

(5) Arch. et fonds cit., orig. pap.

nestes; que « le païs de Royans étoit une pepinière à la nouvelle
Religion »; que « la catholique étoit sans veneration dans la ville
du Pont, qui en est le chef », et que les églises de Saint-Nazaire
et de Sainte-Eulalie, « qui n'en étoient pas fort éloignées, furent
brûlées à la sollicitation des ministres (1). » Du reste, comme ces
sacriléges n'atteignaient et ne blessaient guère que les intérêts de la
religion, ou les autorités légitimes se croyaient contraintes de les
dissimuler, ou elles reculaient devant la crainte de faire, pour en
châtier les auteurs, un éclat infructueux (2).

Aussi, quelle difficulté les Antonins avaient pour recouvrer leurs
droits prieuraux ! Si la justice n'était pas boiteuse, elle allait du
moins bien lentement. Nous avons vu que, le 16 janvier 1565, Jacques de Lers, marchand du Pont, s'était porté caution de la ferme
des revenus prieuraux de ce lieu. Or, les fermiers ayant mis du
retard à s'acquitter de leurs obligations, une requête fut lancée par
les Antonins, et un procès commença. Alors Bergier fit droit, pour
sa part, aux réclamations. Mais, Rey n'ayant pas fait de même,
Jacques de Lers, amené en cause, fut appelé à suppléer. Ce dernier
ayant élevé des difficultés, l'affaire s'envenima, si bien que le 14
décembre 1565 Mérauld Bourget, « procureur des religieux du monastère » de Saint-Antoine, « prieur du prieuré du Pont en Royans,
demandeurs en requeste », envoyait à Antoine Pinard, procureur de
Jacques de Lers, défendeur, une copie authentique du cautionnement et d'autres pièces, avec déclaration que payement était de-
mandé à de Lers comme caution pour la moitié de Rey. Pinard
avait donc à « deffendre pour ce regard à lad. requeste. »

Les plaidoiries aboutirent à une sentence de « Nycolas Henrry,
segneur de Cremyeu, Quirieu et la Balme en Daulphiné, balhi du
Bas Viennoys et Vallentinois au siège de St Marcellin », du 19 décembre 1566. Cette sentence portait contrainte pour « lesd. rentiers
ou bien led. Jacques de Lers, caution », d'observer le contenu de
« l'arrentement » du 7 mars 1564, notamment de continuer une
aumône aux pauvres qui se faisait dans le prieuré deux fois par semaine, et de « fournir à la nourriture des religieux dud. prieuré. »

Bientôt après, « Monsieur le Maistre Leonard Reynaud, à St
Marcellin », recevait la lettre suivante : « Monsieur le Procureur,
nous avons faict assigner Jaques de Lers, du Pont de Royans, au

---

(1) *Hist. de Daüph.*, II, 603.
(2) Ibid.; — Vincent, op. cit., p. 64; — Long, op. cit., p. 77.

premier jour juridic après les Roys à Sainct Marcelin, comme ran-
thier ou du moings caution de nostre prieur du Pont de Royans
pour faire l'haulmonne deux foys la sepmainne aud. prieur comme
il est tenu. Nous vous envoyons l'arrentement, le cautionnement et
les lettres, vous priantz de faire la présentation et de nous mander
ce qu'il y fauldra fayre, car il nous semble que, attendu que il conste
d'obligation et que c'est œuvre pie, il doibt estre condamné par provision. Nous avons bailhé au porteur, pour fayre la présentation,
deux soulz. Nous recommandant bien fort a vos bonnes graces,
nous prions Dieu que, Monsieur le Procureur, il vous donne bonne
et longue vie. A Sainct Anthoine, ce viij janvier 1567. Vos bons
voysins et meilleurs amys, le chapitre de Sainct Antoine. »

Le lendemain, 9 janvier, une procédure « pour le sindic du couvent », en « contraincte contre » de Lers, était en effet présentée (1);
mais nous ignorons le résultat définitif de l'affaire.

Au surplus, antérieurement au mois d'août 1568, l'église, le
prieuré et les autres maisons de prêtres de Pont-en-Royans « estoient
entièrement ruynés » par « ceulx de la Religion pretendue refformée », devenus maîtres « de ladicte ville. » C'est ce que nous apprend une procédure du 18 octobre suivant, dont voici l'objet et le
rapport textuel.

La paix de Longjumeau, signée le 23 mars 1568, fut suivie d'un
peu de calme dans le Dauphiné, et le parlement de Grenoble porta,
le 12 juillet suivant, un règlement « pour l'entretenement. union et
paix des habitans dud. païs et entretenement du service divin. »
Puis, le 7 septembre de la même année, la chambre des vacations
ayant pris un arrêt sur le même sujet, Antoine de Garagnol, vibailly
du Bas-Viennois et Valentinois au siége de St-Marcellin, et conseiller du roi, fut chargé d'assurer dans les localités de son ressort
l'exécution de ces règlement et arrêt.

De St-Marcellin, où, en conséquence de son mandat, il avait fait
le 16 octobre 1568 une procédure à l'égard des chapelles fondées en
l'église paroissiale, il se rendit à Pont-en-Royans.

Son greffier, parlant au nom du vibailli, va nous dire en détail ce
que fit ce magistrat dans cette dernière localité :

« La ville du Pont de Roians.

« Suyvamment, du lundy dix-huictiesme dud. mois d'octobre,

(1) Arch. et fonds cit.

nous avons faict decente en la ville du Pont en Roians, et illecq à l'hostel d'habitation de la vefve et heretiers de feu Anthoine Pignier, bourgeois quant vivoyt dud. Pont de Roians. Nous avons faict appeller par Jehan d'Aulteroche, sergent roial dud. St Marcelin : premierement Anthoine Armand, conseul de lad. ville du Pont, honneste Jacques de Lers, bourgeois, Me Mathieu Perrochin, note, Jehan Glenat, Francois Terrot, Gaspard Albert, Jehan Cognoz dict Bergier, Claude Raille et Hugues Macaire, tous dud. lieu et mandement du Pont en Roians ; ausquelz comparantz par devant nous, nous avons faict declaration des susdictz articles arrestéz pour led. reiglement, ensemble dud. arrest, lequel nous avons en après faict publyer a haulte voix en l'asle du marché de ladicte ville. Et, ce faict, nous estant appareu par le rapport des susdictz coume en ladicte ville du Pont n'y avoyt aulcung lieu pour cellebrer et continuer le service divin et moings pour habiter par ung prebtre ou deux pour faire led. service, à l'occasion de ce que tant l'esglize du prioré dud. lieu que la maison et aultres maisons des prebtres estoient entièrement ruynés, n'y estant demeurés couvert ne voultes, lesdictes ruynes ayantz estés faictes par ceulx de la religion prétendue refformée et au tamps qu'ils occupoient ladicte ville, nous avons enjoinct et commandé aux susnommés de bailher et fornyr lieu pour faire et continuer le service divin, et maison consulaire, hospital et maison de confrairie, ou, au deffault de l'une d'icelles, aultres maisons pour habiter par celluy ou ceulx qui feront le service de l'esglize catholicque Romeyne. Sur quoy ils nous ont respondu qu'il y avoit esté pourveu de la maison de Jehan Cognoz ; laquelle par nous visitée n'estant trouvée soffizante, et joint que led. Cognoz nous a dict lad. maison estre sa maison d'habitation et ne se pouvoyr despartyr d'icelle, nous avons enjoinct aud. conseul d'en pourvoyr d'aultre dans quinzeyne. Et, après avoyr ouyt frère Francois Rey, religieux de la religion et abbeye de St Anthoyne, de laquelle dépend le prioré dud. lieu, qui, par nous exhorté de faire continuer led. service divin, s'est offert pour led. chappitre de St Anthoyne faire continuer led. divin service en luy bailhant et fornissant maison et lieu, nous avons cependant et jusques à ce qu'il soit sactisfaict a l'exercisse dud. divin service ou aultrement ordonné, meist et redhuict soubz la mein du Roy le bien et revenu temporel dud. prioré ; pour le régime duquel et pour cependant retirer et recepvoyr led. revenu, nous avons, du consentement dud. frère François Rey, commis et depputé sequestre Jehan Glenat,

rentier par cy devant dud. prioré, qui a prins et accepté la charge,
promis et juré bien fidellement y verser soubs la mein du Roy, rendre compte et prester le reliqua à qui appertiendra et sera par nous
ordonné, avecq soubmissions de corps et biens de ce. Présents a ce
Estienne Jullien et led. Jehan d'Aulteroche.

« Ce faict, nous avons enjoinct et commandé aux susdicts conseul
et conseilliers de nous bailher le roolle des abscentz de lad. ville et
mandement qui ont prins les armes contre le Roy, ensemble nous
dire et declairer les noms des juges, chastellains et aultres officiers
pour la justice dud. lieu. Lesquels conseul, conseilliers et notables
cy dessus nommés nous ont dict et declairé que Me Pierre Le Maistre, docteur ez droictz et procureur des trois estatz de ce païs de
Daulphiné, estoyt juge dud. lieu, habitant not(oi)rement en la ville
de Grenoble ; Me Guy Chapperon, son lieutenant, habitant ordinairement, à St Marcellin, et Claude de La Mearye, escuyer chastellain,
et lequel de La Mearye despuys ung mois en sça et le renouvellement des presents troubles s'estoyt absenté avecq certains aultres
de lad. pretendue religion portant les armes contre le Roy, ainsi
comme le bruict et commugne renommée est aud. lieu. Et quant
aux aultres abscentés, ont dict ne les pouvoyr nommer sans qu'il
soit faicte exhibition et lecture du roolle de la taille. Lequel roolle
exhibé et leu par devant nous par Me Claude Terrot, greffier dud.
lieu, lesdicts conseul, conseillyers et notables nous ont dict et rap-
porté des nommés en icellui roolle estre absentz despuys le susdict
tamps : Me Jehan Boutaric notaire, Loys Blaichon drappier, Guillaume Bouteille cousturier, Anthoyne Michal laboureur, Claude
Champavier habitant à Aulberipves, Claude Borrel cardeur, Loys
Arod serrurier, Pierre Mucel cordonier, André Mathieu cardeur,
Anthoyne Berthuyn pignier, Anthoyne Froment brochier, Loys
Mounyer teincturier, Disdyer Lambert de St Yllaire, Jacques Pynet
cordonier, ung appellé Symond, beaulfrère du teincturier, tous habi-
tantz au paradvant le dernier renouvellement desdicts derniers troubles en lad. ville du Pont en Roians. Et pour le regard des
abscentz des aultres lieux et mandements dud. lieu et ville du Pont
en Roians, ont dict n'en pouvoyr faire déclaration sans s'en enquérir
plus amplement. De quoy faire, à la requisition de Me Balthezard
Reymond, subs(titut) du procureur du roy, présent aux actes que
dessus et ce requerant, nous leur avons enjoinct et consequement
de porter ou envoyer le roolle qu'ils en feront au greffe dud. bail-

liage et court majeur dans quinzeyne prochein(ne), à peyne de vingt-
cinq livres d'amende et aultre arbitraire.

« . . . .

« Anth. GUARAGNOL, vib.

« Et moy greffier escripvant soubz led. sieur vibailly.

« GUYON (1). »

Si les mesures prises par l'autorité n'eurent pas un plein succès,
elles furent du moins suivies à Pont-en-Royans d'assez longs mois
d'un calme relatif. C'est ce que supposent une « recognoissance pour
Messieurs les religieux du Pont, faicte par Eynard, bourgeois », et
« sa mère, de pension qu'ils font aud. prieuré du Pont », et une
transaction par laquelle François Guiboud, fils de Claude, marchand
du Pont, cède au prieuré de ce lieu une vigne de 12 fessorées située
au Pont et confrontant « la roche du chastel » au couchant. En
effet, le premier de ces actes fut reçu le 27 octobre 1569, par Berthon
Lyonne, notaire du Pont : le second le fut le 23 février 1571, par
Devallois (2).

Au surplus, de Gordes, lieutenant général du roi, jugeant que la
paix ne pouvait que gagner au démantèlement d'un certain nombre
de bourgs et de places, communiqua son avis au parlement. Sur
l'approbation de ce dernier, un décret condamnait, entre autres
places, le Pont et Saint-Nazaire-en-Royans à être démantelés (3) ;
mais ce décret ne fut pas partout exécuté. S'il le fut au Pont, il ne
mit pas ce bourg à l'abri des dangers et des angoisses. Dès 1573,
les alarmes avaient recommencé. Montbrun, devenu chef du parti huguenot en Dauphiné, par la retraite du baron des Adrets, apparait le
20 mars devant Valence, et se dispose à l'emporter d'assaut ; mais la
sentinelle de la porte Saunière sonne l'alarme, et l'entreprise échoue.
Montbrun se dirige alors, à la tête de ses troupes, vers le Royans,
campe un instant sur le mont Calvaire (près de Saint-Nazaire), puis
va s'emparer du château de Saint-André ; mais un parti de catholiques accourt, et lui reprend aussitôt cette place. Le Pont, un mo-
ment effrayé du voisinage de Montbrun, peut de nouveau respirer
presque à l'aise.

Deux mois après, dans le courant de mai, François de Montpen-
sier, dauphin d'Auvergne, arriva dans son gouvernement de Dau-

(1) Biblioth. de M. P.-E. Giraud, reg. orig. de 68 ff.
(2) Arch. et fonds cit.
(3) CHORIER, op. cit., II, 624-5.

phiné. Il y fit son entrée solennellement et avec l'intention de réduire Montbrun et d'écraser à tout jamais le parti huguenot. Il s'arrêta à Saint-Marcellin, pour s'y préparer à quelque entreprise digne de lui, distribua son avant-garde dans les bourgs et les lieux les plus commodes des environs, et résolut d'attendre prudemment l'occasion d'agir.

Il avait logé cinq enseignes d'infanterie dans Pont-en-Royans. La présence de cette garnison calmait la population et lui faisait comprendre que l'autorité voulait en finir avec les rebelles. Mais, les chefs et les soldats traitant mal les habitants, dont la plupart faisaient profession de la religion prétendue réformée, et ne se tenant pas bien sur leurs gardes, Montbrun, qui en fut averti, ne négligea pas cette occasion d'acquérir une nouvelle réputation à ses armes. Il attaqua la garnison vers la fin du mois de mai, et, ayant forcé le bourg, qui avait été démantelé, il tailla en pièces ses adversaires, si bien que 400 hommes y perdirent la vie. Le vainqueur, pour profiter de l'effroi où sa victoire avait jeté les catholiques, confia le Pont à une garnison, et se dirigea contre Die, où commandait Glandage; mais, repoussé par ce dernier, il perdit là tout l'honneur qu'il avait gagné au Pont (1).

Cependant le prince-dauphin, à qui l'échec subi au Pont, dès l'ouverture de cette guerre, était extrêmement pénible, allait entrer dans le Royans, pour y effacer par la reprise du Pont, qui en était la capitale, le déshonneur que ses armes y avait reçu. Mais Montbrun, qui s'était aussi emparé de Saint-Nazaire, et y avait laissé garnison, surveillait les mouvements du prince. Connaissant ses projets d'attaque contre le Pont, il retira la garnison de Saint-Nazaire et la fit entrer au Pont, pour fortifier celle de ce dernier lieu. Le prince, instruit des préparatifs de son adversaire, y alla pour s'en assurer. Déjà il rêvait les honneurs du triomphe, lorsqu'il apprit la mort du roi Charles IX, arrivée le 31 mai 1573. Cet évènement le força à suspendre son entreprise sur le Pont, et laissa Montbrun libre de tourner de nouveau ses forces vers le Diois (2).

La défaite des troupes royales par Montbrun eut de tristes conséquences pour les catholiques du Pont. Régis par des soldats aussi avides de pillage qu'ennemis acharnés de leur culte, ils purent médi-

(1) Chorier, op. cit., II, 657-9; — Vincent, op. cit., p. 65-8 ; — Long, op. cit. p. 113, — Taulier, Not. sur de Gordes, p.17.

(2) Chorier, op. cit., II, 660.

ter à loisir sur les maux de la guerre civile. Ils furent cependant
débarrassés des soldats de Montbrun, mais pour se voir bientôt har-
celés de nouveau. Vers le 25 mars 1574, déjà las du repos d'une
bien courte trève, des huguenots descendaient des montagnes du
Royans et séjournaient quelque temps au Pont et à Saint-Jean, au
point que les habitants de la rive droite de l'Isère craignaient qu'ils
ne vinssent à passer cette rivière. Enfin le 10 avril suivant, ces
huguenots firent semblant de retourner aux montagnes ; mais tout
à coup ils détachèrent un certain capitaine Montbrun, fils d'un bar-
bier de Pont-en-Royans, qui, à la tête d'une troupe de soldats, alla
surprendre le château de Saint-André. Cependant, sur l'ordre de
Monseigneur de Gordes, ce château fut incontinent assiégé par le
sieur d'Allières, de Beauvoir, à la tête de quelques 400 hommes
fournis par les communes du pays. En même temps, de Saint-
Antoine partirent environ 60 hommes, qui eurent ordre d'aller, pendant le siége, occuper la ville du Pont, sous la conduite du capitaine
La Saulne, et empêcher le passage de toutes troupes huguenotes.
Trois jours après arriva en effet un secours de huguenots, au nombre de 300, conduits par le capitaine Bouvier, de Romans. Comme
il y avait garnison au Pont, ils allèrent passer à Saint-Nazaire.
Mais, avant de venir à Saint-André, Bouvier, qui voulait ménager sa
retraite et attendait plus grand secours, « fit promptement barriquer
led. lieu de Saint-Nazaire. » D'Allières, comprenant qu'il n'était pas
assez fort pour prendre Saint-André et tenir tête à tous ces huguenots, fit venir à lui la garnison du Pont, et lui ordonna de gagner
promptement, pour s'en retourner, le port de la Sône, droit par le
bois. En même temps, lui et ses troupes prirent le chemin de Beauvoir, et chacun se retira. Dès lors, les huguenots furent maîtres de
tout le Royans, surprirent et firent fortifier le château d'Izeron, où
Bouvier se retira.

Comme les huguenots paraissaient vouloir passer l'Isère, de Gordes fit garder Rochebrune, en face de Saint-Nazaire, par le capitaine La Saulne à la tête de 25 soldats, et les autres lieux le long de
la rivière. En la Semaine-Sainte de 1574, de fausses alertes ayant
fait croire aux catholiques de la rive droite que les hugenots avaient
passé l'Isère, plusieurs se sauvèrent, qui à Lyon, qui à Vienne, qui
à Romans, qui à Bressieux ; et les huguenots du Pont, croyant
que les catholiques avaient passé sur la rive gauche, furent de leur
côté saisis de frayeur, et s'enfuirent aux montagnes. Mais bientôt
chacun revint de son erreur et rentra chez soi.

Cependant il tardait au prince-dauphin de rentrer à Pont-en-Royans. Il confia à 22 compagnies le soin de se rendre à la Sône le 22 mai, fête de l'Ascension. Dans le nombre étaient la compagnie du capitaine Bourchenu dressée à Beaurepaire, et celle du capitaine Bernard. Ayant passé l'Isère à la Sône, on fit semblant d'aller assiéger Saint-Nazaire, avec la compagnie de Monseigneur le Prince ; mais on marcha droit au Pont, où on arriva au point du jour. On n'y trouva personne qui opposât de la résistance. Seulement, 5 ou 6 huguenots se jettèrent dans une maison forte nommée *La Corbeille*. Incontinent le feu est mis à la porte de ce dernier asile, et les fuyards sont pris et tués. On pille entièrement la ville ; mais ce pillage attirera sur les vainqueurs de terribles représailles. En effet, on avait laissé au Pont 5 compagnies de 100 hommes chacune, bien complètes, commandées par le capitaine Collomb. Il y avait la compagnie de ce dernier, celle du sieur de Bourchenu, et celles de Givray, de Bernard et du « capitaine La Saulne. » Celle de ce dernier était composée de la plupart des hommes fournis par Saint-Antoine. Cette garnison occupait le Pont, quand, le jour de la Pentecôte, des huguenots conduits par le fameux chef de leur parti en Dauphiné, Dupuy-Montbrun en personne, descendent des montagnes, au nombre de 1500 hommes à cheval ou à pied, et fondent sur les hommes du prince. Ceux-ci avaient trop oublié que la prudence et la vigilance sont mères de la sûreté. Collomb, vieux capitaine commandant dans le Pont, avait permis à la plupart des soldats d'emporter leur butin. Tous ceux de sa trop faible troupe qui se trouvèrent à la rencontre furent emportés de force et tués, et la plupart des prisonniers furent égorgés de sang-froid. « Des cinq compagnies ne s'en sauva que six ou sept vingts, qui en route prirent le quartier du Pont tirant par la Ville neuve au long de Bourne. » Les capitaines Collomb, Bourchenu et « La Saulne » furent tués ; Bernard et Givray étaient allés à Romans, vers Monseigneur le Prince. La plupart des morts étaient de Dauphiné, une douzaine de Saint-Antoine. Quelques-uns se sauvèrent tout à fait errants, après avoir été prisonniers, d'autres payèrent rançon. Ce fait, les huguenots quittèrent le Pont et Saint-Nazaire, et avec leur butin retournèrent aux montagnes, laissant le capitaine Bouvier le jeune à Izeron, et Montbrun à Saint-André. Le gros de leurs troupes alla tenter l'escalade de la ville de Die, mais inutilement.

Le Pont paraît avoir été assez tranquille le reste de l'année 1574. Il était certainement vide de soldats huguenots vers le milieu de la suivante; car, le lendemain de la défaite des Suisses par Montbrun, entre Châtillon et Die, M. d'Ourches, le capitaine Bernard, et certains autres capitaines, avec leurs arquebusiers, sortirent de Die et vinrent, par la vallée de Quint, descendre tranquillement aud. Pont, et passer l'Isère à la Sône. Il ne l'était pas moins un mois plus tard, quand l'armée catholique, après avoir défait et pris Montbrun près de Die, vint, par la même vallée de Quint, descendre au même Pont. Mais cela ne nous rassure nullement sur l'état du prieuré et de l'église de ce lieu. Le culte catholique ne s'y faisait certainement plus. Du moins nos documents n'en font supposer aucun exercice. Du reste, sur le commencement de septembre de cette même année 1575, les huguenots avaient le pied à Saint-Nazaire et au Pont; car ils voulaient alors surprendre à Rochebrune quelques bateaux qui descendaient l'Isère chargés de vivres, et ce ne fut que par suite de l'avis que la garnison de la Sône eut de leur projet, que celle-ci retint ces bateaux. Quant à ces huguenots, voyant cette entreprise déjouée, ils en tentèrent une autre. Pendant que leurs gens de pied restaient embusqués à Rochebrune, les gens de cheval descendirent jusqu'au péage de Romans, pour tâcher de prendre quelques prisonniers. Mais ceux-ci furent si mal accueillis par l'armée catholique de Romans, qu'ils se retirèrent au Pont le même jour. Enfin, les huguenots s'étaient retirés du Royans aux montagnes, faisant courir le bruit qu'ils allaient au-devant des forces qui leur venaient d'Allemagne, quand le roi accorda à leur parti une trève de six mois.

Au lieu d'observer la trève, le capitaine huguenot Chavanas, de Die, qui était au Pont avec sa compagnie, sachant que le château d'Izeron était mal gardé, alla le surprendre de nuit par escalade, et le tint jusqu'à la publication de la paix du 14 mai 1576. Du reste, le Royans abondait alors en huguenots. Vers février 1576, un certain nombre d'entre eux s'assemblaient à Sassenage avec ceux des autres lieux, et couraient jusqu'aux portes de Grenoble. Le 10 mars, d'Aubonne et de la Robinière, avec 300 hommes du même parti s'emparèrent du château de Morestel, et de Gordes courut les y attaquer. La Robinière continuait à tenir bon, et, pour faire interrompre le siége, les huguenots faisaient rage sur la rive gauche de l'Isère, qu'ils feignaient de vouloir passer. Ceci était surtout le fait de ceux du Royans. Aussi de Gordes crut-il devoir commettre en garde à Rochebrune le capitaine Guillermet, de Saint-Antoine.

Durant ce même siége, les huguenots de Royans en vue de le faire lever, allèrent jusqu'à Armieu, pensant en surprendre le château. Ils

y étaient avec 5 compagnies. Mais il furent découverts, et s'en
retournèrent enseignes déployées et tambour battant, tout le long de
l'Isère jusqu'à Beauvoir, en faisant semblant de vouloir franchir la
rivière. Le peuple leur ayant défendu le passage, ils retournèrent à
Pont-en-Royans, mais pour recommencer bientôt leurs courses d'un
autre côté, et surprendre le château de la Jonchère le 3 avril, et celui
d Hostun deux jours après. Toutefois, de Gordes ayant pris Morestel, et fait courir de Romans le bruit qu'il allait assiéger la Jonchère et Hostun, les huguenots se hatèrent de quitter ces deux
places.

La paix du 14 mai 1576 suspendit un instant les hostilités ; mais,
mécontents des loisirs qu'on leur imposait, un grand nombre de
soldats huguenots étaient de nouveau descendus des montagnes au
Royans vers la fin de la même année. Le 4 janvier 1577, une troupe
d'entre eux, conduite par le jeune Bouvier, surprit le château d'Armieu, qui était mal gardé ; mais elle ne put surprendre Izeron,
gardé par le capitaine François (1). Une autre troupe donna jusqu'à
Saint-Nazaire ; mais, furieuse de n'avoir pu en prendre la tour, elle
alla exercer dans la plaine de Valence son ardeur par trop belli-
queuse.

Sur la fin de juillet 1577, de Gordes ayant levé le siége d'Armieu,
fit courir le bruit qu'il allait assiéger Pont-en-Royans; mais il alla
droit à Saint-Nazaire, où il fit l'établissement de ses compagnies
pour les faire rafraîchir. Telle est du moins la version d'Eustache
Piémond ; mais M. Chevalier en donne une un peu différente avec
les détails que voici, sous la date du 22 juillet : « Sur l'ordre de
M. de Moidieux, commissaire général des vivres, la ville de Romans
est requise d'envoyer des bœufs, des moutons, des pains, du vin
aux troupes de M. de Gordes, campées devant le Pont-en-Royans.
Le siége de cette place ayant été soudainement levé, 4,500 pains
portés à Saint-Nazaire aux frais de la ville restèrent sans emploi et
furent vendus à vil prix. » En tout cas, de Gordes avait quitté le
Royans antérieurement au 6 août suivant (2), mourait à Montélimar le 21 février 1578, et était remplacé par Maugiron.

Pendant que celui-ci parlementait avec Lesdiguières, successeur
de Dupuy-Montbrun dans le commandement des troupes huguenotes du Dauphiné, et faisait publier les déclarations du roi en faveur

(1) Mémoires (manuscrits) d'Eustache Piémond.
(2) Mémoires cit. ; — Bullet. cit., X, 38-40.

de la paix, le Pont était occupé par le capitaine Bouvier. Peu partisan de la paix, celui-ci persistait, malgré l'édit royal, à « entretenir en la Corbeille du Pont en Roïans, » et, de la sorte, « empêchoit le commerce. » Mais « les habitants du Pont, catoliques et huguenots, prenant le frein aux dents, comme on dict, se bandèrent contre luy et le mirent hors du chasteau et de la Corbeille, sans l'offenser, et le prièrent les laisser vivre en paix. Sur quoy, il se retira à la Chapelle de Vercors, parce qu'il ne s'osoit retirer à Romans, d'où il étoit. » Mais, ayant su que Maugiron s'était abouché à Vif avec Lesdiguières, et qu'on avait convenu de désarmer dans trois mois, pendant lesquels on ne ferait aucune course, Bouvier craignait d'être compromis et cherchait à se ménager un refuge en un lieu fortifié. Le capitaine Laprade, avec lequel il était en intelligence, avait saisi Châteaudouble pour sa retraite. Bouvier voulut avoir lui aussi son refuge. Il « se jetta de grand matin dans le chasteau du Pont, dans lequel il tua un nommé Patoflard, brave soldat, ainsi qu'il ouvrit la porte, et deux autres de quatre qu'il avoit avec luy. » Il espérait garder le château, et, s'il était assiégé, recevoir secours de Laprade. Assiégé, en effet, par ceux du lieu et les communes, il résista pendant deux jours avec une douzaine de soldats qu'il avait. Puis, se voyant sans vivres, craignant pour sa vie, et ne voyant pas venir Laprade au jour promis, il « se rendit vie sauve, » et s'en alla à Die. A peine eut-il rendu le château, que Laprade arriva avec soixante argoulets. Ce dernier, voyant le château rendu, « dit a Messieurs du Pont que il avoit eu avis que les Catholiques les avoient assiégé, » et qu'il était venu les secourir. Ils l'en remercièrent et il s'en retourna continuer, de son repaire de Châteaudouble, ses courses et pilleries, malgré l'édit de paix, accepté par le parti protestant lui-même. Du reste, les capitaines et hommes d'armes n'étaient pas seuls à redouter. Ainsi, vers le même temps, le jour de la foire de Saint-Nazaire, une quarantaine de huguenots du Pont vinrent en troupe à cette foire, pour se venger des catholiques qui avaient porté les armes contre eux, s'ils y en trouvaient. En ayant reconnu une vingtaine, ils les chargèrent à coups d'épées et de pistolets, et tuèrent Gariolle dit St-André sur place ; ce qui effraya tellement le monde, que des marchands et autres gens prirent la fuite et perdirent leur bétail.

Il paraît, du reste, que le Pont était alors sans garnison ; car Maugiron écrivant le 9 janvier 1579 aux consuls de Romans, leur recommande d'avertir les habitants du Royans que « Laprade se *veult* saisir d'une maison forte appelé La Corbelle, qui est au Pont de Royans, afin de se rendre maitre de la ville (1). »

Quant aux huguenots du Pont, *ils se* faisaient décidément redouter. Outre les exemples qu'on vient d'en lire, Eustache Piémond raconte le suivant. Vers avril 1579, Maugiron assiégeait Châteaudouble, tenu par Laprade. Il fit sommer celui-ci de se rendre, mais trouva un refus obstiné. Alors il fit descendre de l'artillerie par l'Isère avec quelques soldats de Grenoble. Mais il craignait que les huguenots du Pont, voyant les armes levées, ne surprissent l'artillerie à Rochebrune. Aussi fit-il *garder* ce passage par un bon nombre d'hommes jusqu'à ce qu'on n'eût plus rien à craindre pour les pièces qui devaient enfin enlever à Laprade *le* bourg et *le* château en question.

Au commencement de mai de la même année, d'Allières commandait au Pont pour les huguenots, quoiqu'il fut catholique. Les Pontois, se voyant toujours en la sujétion d'une garnison « qui empêchait le libre commerce de leur ville, prièrent d'Allières de casser sa garnison » et de renvoyer ses soldats. S'il ne le faisait pas, ils le feraient eux-mêmes. D'Allières, voyant *leur résolution énergique* et se trouvant faible, « fit belles promesses et la douce farine, et secrètement envoye à Die au capitaine Bouvier luy amener quarante soldats pour quelque occasion. » Le secours arrivé, il « donna une charge sans mot dire à ceux qui l'avaient prié. Un capitaine, nommé *Quatre-Dents*, fut tué, étant marié aud. Pont. Les Glénats et autres se sauvèrent, et ont été longtemps fugitifs durant le gouvernement *dudit sieur d'Allières*. Un nommé Bessé (2) fut blessé, se retira à Romans pour se faire panser ; mais « étant reconneu d'avoir tué Gariolle-St-André à St-Nazaire, fut mis en prison et condamné à être pendu, et, le jour qu'on le menait à Saint-Marcellin, il se laissa mourir par les chemins (3). »

Si encore les Pontois n'eussent-eu à souffrir que les vexations des capitaines qui prétendaient les protéger ! Mais il fallait encore venir en aide à des armées de partis opposés qui guerroyaient ailleurs. Ainsi, le 9 avril 1579, ils étaient atteints par une ordonnance prescrivant le prompt payement des aides données à Etoile pour l'entretien de la compagnie du comte de Veynes. Sur leur refus de s'exécuter et

(1) *Mémoires* cit. ; — LACROIX, *Invent.* cit., E, 3671.
(2) *Var.* Le Besson.
(3) *Mémoires* cit.

la requête par eux présentée à ce sujet, le lieutenant général porte, le 15 août suivant, une ordonnance appelant les parties devant lui. En 1580, est envoyée une provision obtenue pour cela contre le Pont ; le 8 octobre 1582, requête est adressée à Maugiron pour l'exécution des provisions de Gordes, contre les habitants de Pont-en-Royans, qui continuent à refuser l'aide due à la compagnie du comte de Veynes ; en 1583, nouvelle requête à Maugiron pour le payement de l'aide due par Pont-en-Royans (1). Mais reprenons ce qui intéresse les évènements militaires du Pont même.

« La reine-mère, Catherine de Médicis, pressée par le besoin de mettre un terme à des hostilités qui avaient fait du Dauphiné comme un vaste champ de bataille, où s'égorgeaient les enfants de la commune patrie, se rendit à Grenoble le 21 juillet 1579 ; mais ses efforts se brisant devant les prétentions des uns et l'entêtement des autres, elle ne put établir la bonne harmonie entre les catholiques et les protestants. Cependant, pour ne point rendre son voyage infructueux, elle chargea l'archevêque d'Embrun d'amener les catholiques à une réconciliation sincère. Le prélat essaya, mais en vain, de remplir sa mission ; toutefois, soit pour se rendre aux vues pacifiques de la reine-mère, soit par lassitude de la guerre et besoin de repos, quelques hommes honorables, en qui se résumaient les idées, les sentiments, et les projets des deux partis, parvinrent après le départ de la princesse, à convoquer une assemblée à Monestier-de-Clermont. C'était le 4 novembre. Le maréchal de Belle-Garde, Maugiron, Bellièvre, premier président du parlement, François Fléard, premier président de la chambre des comptes, les députés de la noblesse et Chappuis-Brégaudière, procureur des états de la province, représentaient les catholiques ; Lesdiguières, Aspremont, Morges, Sainte-Marie, Gouvernet, Alleman d'Allières, étaient les mandataires du parti huguenot. Il y fut convenu qu'on s'abstiendrait, de part et d'autre, de tout acte d'hostilité et de tout prélèvement d'impôt ; que les réformés évacueraient les places qu'ils occupaient, à l'exception de Nyons, de Serres, de Gap, de la Mure, de Livron, de Die, de Pont-en-Royans, de Pontaix et de Châteauneuf-de-Mazenc ; que les catholiques et les ecclésiastiques seraient reçus dans ces villes et réintégrés dans leurs biens ; que, réciproquement, les protestants pourraient rentrer dans les villes des catholiques où ils avaient un domicile et des propriétés ; que les maisons et les

(1) LACROIX, *Invent.* cit., E, 3867-79.

châteaux des gentilshommes des deux cultes leur seraient rendus sans délai aucun ; qu'on retirerait les garnisons de *Menthon*, de Tulette, de Roinac, de Saou et de Grane ; que la première et les deux dernières de ces places seraient démantelées ; que les huguenots démoliraient, de leur côté, les forts et les châteaux qui étaient entre leurs mains, à la réserve des châteaux de Châteauneuf-de-Mazenc, de Pontaix et de Pont-en-Royans.

« Cette convention volontaire et spontanée semblait devoir assurer la paix en Dauphiné, et sécher les larmes de beaucoup de familles ; mais, parce qu'elle condamnait au repos et à l'inaction des gentilshommes et des capitaines avides de pillage ou habitués aux agitations des camps, ses fruits furent peu durables ; car, en 1580, partout retentissait le bruit des armées, et jamais année n'avait été plus féconde en événements (1). »

En effet, les réformés de la contrée, mécontents des conclusions de l'assemblée de Monestier-de-Clermont, qu'ils disent faite au profit de leurs adversaires, y refusent leur adhésion, et se soulèvent d'un commun accord. En mars 1580, ceux de la Sône vont piller le château de l'Arthaudière. L'armée royale, victorieuse à Moirans, en part le lundi 28 mars, pour venir à Saint-Marcellin, et aller assiéger le fort de Beauvoir. Le mercredi, l'artillerie y arrive. Les huguenots qui occupaient le prieuré de la Sône, sentant venir l'armée, mettent le feu à ce prieuré, abandonnent St-Alban, emmènent les vivres et meubles qu'ils trouvent dedans, et se retirent au Fort et à Beauvoir. Pendant que Maugiron et M. de Tournon vont reconnaître le Fort, des ligueurs s'y rendent avec leurs chevaux et leurs munitions. Lesdiguières, qui, avec des troupes de pied et de cheval s'élevant à 1,500 hommes, tant huguenots qu'autres qui s'étaient retirés avec eux, était venu au Royans, se détermine à passer l'Isère, à la faveur du Fort. Le 8 avril, il feint de vouloir assiéger Saint-Marcellin. Ayant passé l'eau, il se présente devant Saint-Marcellin, va « repaitre » à Chevrières et aux environs, et s'achemine à Tullins, qu'il fait forcer. Le 18 avril, il repasse l'Isère en face de Saint-Quentin, fait rompre une douzaine de bateaux qu'il avait, afin que les catholiques ne s'en servent pas, laisse Bouvier à Saint-Quentin et renvoie d'Allières au Royans. Izeron et la tour de Saint-Nazaire ont été rendus aux huguenots. M. de Blacons parti du Royans, le 16 du même mois, avec 300 hommes de pied ou de cheval, pour aller gîter à

(1) VINCENT, op. cit., p. 76-9.

Châteaudouble, qui était ruiné, se hâte de le fortifier pour sa retraite. Le 26 mai, M. de Beaucroissant, gouverneur de Saint-Marcellin, sort avec 100 hommes, va passer à Romans, y prend 40 soldats de M. de Veaunes, franchit l'Isère, en suit la rive gauche jusqu'à la Bourne, passe celle-ci, va jusqu'à Beauvoir, y coupe la nuit
la traille du port, et tourne à Saint-Romans. Là, il prend le capitaine
La Tour, qui avait rendu le prieuré de la Sône aux huguenots ; puis
il lui enlève deux bœufs et tout ce qu'il lui trouve, le tue et emmène
ce qu'il lui a trouvé.

Le 2 juin, jour de la Fête-Dieu, on dit aux gens de Saint-Antoine
que les huguenots et les ligueurs du Royans ont résolu d'aller les
surprendre. Saint-Antoine se tient « un peu coy dans le couvent, »
mais en est quitte cette fois pour cela. Seulement, le 15 du même
mois, 80 soldats venus du Royans vont surprendre le château de la
Forteresse près Saint-Etienne-de-Saint-Geoirs. Monsieur de Montoison, qui dressait son régiment à la Côte-Saint-André, où il avait
déjà demeuré six semaines, envoie à la forteresse 200 arquebusiers
qui trouvent les 80 soldats retirés dans la tour, et y mettent le feu.
Mais celle-ci était déjà murée, et ils sont contraints de se retirer,
après avoir perdu six des leurs. La même nuit, les 80 soldats courent repasser l'Isère, en emportant tout ce qu'ils avaient trouvé. A
peine sont-ils retirés, qu'une autre troupe, conduite par certains ligueurs, va dans la Valloire, en revient par montagne, et descend au
fort par le bois du Perey. Elle comprend bien 200 hommes, et fait
plusieurs prisonniers, gentilshommes et prêtres, qu'elle mène au
Fort. Elle trouve en chemin cinq soldats de la compagnie du capitaine La Roche, et les tue sur place. Elle commet une infinité d'autres brigandages.

Le 18 juillet, nos huguenots passent à Beauvoir au nombre d'environ 200 chevaux et 200 hommes de pied, et demeurent tout le jour
autour de Saint-Marcellin, « pour tâcher de tirer raison de la charge
que M. de Beaucressant avoit donnée au capitaine Muguet. » M. de
Beaucressant, sage et avisé, les laisse se promener.

Cependant, les huguenots vont être attaqués par des forces impo-
santes. L'armée du duc de Mayenne, commandée par Livarrot,
Montoison, et d'autres, part de Châteaudouble et arrive à Saint-
Nazaire-en-Royans le lundi 5 septembre 1580. Les huguenots ont
abandonné la ville et se sont retirés au nombre d'une quarantaine
dans la tour de ce lieu, qu'ils rendent le même jour. Ils sont néanmoins tués, et la ville, à leur occasion, est brûlée. Pendant que

l'armée marche vers Pont-en-Royans, quelques troupes vont reconnaître Beauvoir et le Fort, et le régiment du sieur du Passage vient du *côté de* Grenoble camper à Chatte avec 1200 hommes, et y demeure trois jours, pour assiéger le Fort, pendant que l'armée va à Pont-en-Royans.

« Ceux du Pont, voyant venir l'armée, mirent eux-mêmes le feu à la ville (1), et rompirent le pont, faisant mine de tenir bon ; mais enfin ils abandonnèrent » et se *retirèrent* au château, de sorte qu'il n'y eut qu'un huguenot tué, et un soldat de Livarrot blessé. Puis l'armée s'achemina à Beauvoir, où elle arriva le même jour. Après sept jours de siége, d'Allières et le capitaine Bouvier se voyant sans secours, offrirent et obtinrent de capituler. On convint, entre autres choses, que la ville serait rendue au roi, que *Bouvier rendrait* Saint-Quentin, et d'Allières le château du Pont, « pour éviter la ville du feu. »

Le camp demeura encore 8 jours à Beauvoir, pour voir « si ceux du Pont rendroient le château, ou non. Mais étant obstinez, la ville fut toute brûlée, de quoy fut grand dommage. » Le conseil trouva bon de n'amuser pas l'armée à assiéger le château du Pont, car il ne pouvait faire grand mal, la ville étant brûlée ; et toute l'armée passa sur la rive droite de l'Isère, pour monter à Grenoble, et de là à la Mure, dont le siége fut commencé le 30 septembre 1580.

Cependant, « au Pont-de-Royans, les huguenots qui s'étoient retirez au château firent recouvrir la maison forte de la Corbeille, ne se contentans pas que la *ville* eût été brûlée. Toutefois ils n'osoient faire aucune course, à cause de la garnison de Beauvoir, » commandée pour le duc de Mayenne par M. de Beaucroissant.

On en était là depuis près de six semaines, quand le lendemain de la Saint-Martin, « advint au Pont de Royans une dispute entre ceux du château contre un nommé le sergent Port qui *étoit* à Monsieur d'Alliers, gouverneur du Royans, et ceux qui étoient dans la Corbeille, bien qu'ils fussent tous d'un party. Pour apaiser la querelle, led. sergent Port, qui avoit le commandement du château, descendit à la Corbeille. A son retour, Pivert (2), qui étoit enfant du Pont, avec les autres du château, luy fermèrent la porte au nez, disant qu'il allât *pêcher d'huîtres* ailleurs. Port, bien fâché, se retire à la Corbeille, et en donne avis à M. d'Alliers, qui étoit à Die. »

(1) *Var.* la Ville neuve.
(2) *Var.* Pinet.

M. de Beaucroissant eut avis, à Beauvoir, de cette division, et eut
hâte d'en profiter. Il envoya promptement au château un tambour
promettant 1000 écus à ceux qui l'occupaient, s'ils lui rendaient la
place. Ils promirent de le faire, et M. de Beaucroissant en informa
le duc et la cour, qui le prièrent d'y tenir la main. D'Allières, averti
que son sergent est hors du château, accourt de Die, avec Bouvier,
le ministre Denis d'Hérieu, et quelques-uns de leur suite. D'Allières,
Bouvier et le ministre vont au château et font toutes sortes de remontrances en faveur de Port ; le ministre leur fait un prêche sur le
mal qu'apportent la division et l'absence de chef ; enfin, il leur dit
que, si absolument ils ne veulent pas du sergent Port, ils aient à
prendre celui que le prince de Condé leur donnera. Ils répondent
que, si ce prince leur donne un homme agréable, ils obéiront. Sur
ce, on retourne à Die, pour y faire pourvoir. Mais, en attendant,
M. de Beaucroissant, ayant envoyé chercher des hommes à Saint-
Antoine et ailleurs, va au château, où il met son frère pour commander, avec 25 soldats ; ce que voyant, ceux de la Corbeille s'en-
fuient. Pivert (1) et autres demeurent au château, et reçoivent ce
qu'on leur avait promis (2).

Voilà apparemment la reddition de Pont-en-Royans au roi que
les biographes de Sébastien de Lionne attribuent à l'habileté de ce
gentilhomme. Sébastien, disent-ils, était prisonnier des protestants
en 1580, et détenu à Pont-en-Royans, où commandait Gabriel Odde
de Triors, qu'il gagna au roi. Il lui fit rendre les places qu'il occupait, et fut ensuite avec sa femme son héritier par actes testamentaires de 1585 et 1586. En récompense de ses services dans le
Royans, Henri III, par lettres du 10 décembre 1580, lui accorda 500
écus d'or de pension sur l'épargne royale. Il devint le 3 janvier suivant secrétaire de la chambre du roi et de la reine-mère Catherine
de Médicis, et occupa ensuite d'autres emplois importants. Il con-
tribua à maintenir les châteaux et forteresses du Royans sous
l'obéissance du roi ; aussi les ligueurs menacèrent sa vie et saccagèrent sa maison de Grenoble (3).

Toujours est-il que cette reddition « rendit les huguenots bien
tristes et plus fachez que de la perte de Beauvoir (4). »

(1) *Var.* Pinet.
(2) *Mémoires* cit.
(3) Chorier, op. cit., II, 702 ; — Œuvres de Mgr de Fromentières, évêque
d'Aire, t. VI, p. 150-2 : — Vincent, op. cit., p. 88 ; — Chevalier, dans *Bullet.*
cit., XI, 64-5 ; *Lettres inéd. de Hug. de Lionne* (notice prélimin.), p. 16-7.
(4) *Mémoires* cit.

Mais, pendant les trois ou quatre ans de paix imposés par le duc de Mayenne après la prise de la Mure, le Royans parut toujours un terrain prêt à abriter la réforme, dès que les circonstances deviendraient plus favorables à celle-ci. Aussi, le 28 mars 1585, sur l'avertissement envoyé de Saint-Nazaire par M. de Claveyson que ceux de la réforme s'apprêtent à s'emparer de quelques villes, les Romanais couraient aux armes et mettaient de fortes gardes aux portes de leur ville. Le surlendemain, Maugiron approuve ce qu'on a fait et envoie à Saint-Marcellin l'ordre « de prendre les armes sous l'obéissance de Sa Majesté, parce qu'il y avoit advis certains d'aucuns princes qui se vouloient emparer du royaume avant la mort de Sa Majesté. » Or, bien qu'il recommandât de « faire sagement en conservant ceux de la Religion prétendue suivant les édits de paix, et qu'il n'y en mesarrivast, cella néanmoins donna frayeur à plusieurs de lad. Religion qui absentoient se retirans au Royans. » Bien plus, le 13 mai suivant, une troupe de réformés du Viennois passait l'Isère à Eymeux, et de là allait, deux ou trois jours après, sous la conduite de MM. de Triors et de la Jonchère, et au nombre de deux ou trois cents, prendre quartier à Saint-Jean-en-Royans, sans faire de violence, mais en vivant à discrétion aux frais du peuple. Maugiron et même Lesdiguières invitèrent tous ces réformés à mettre bas les armes et à rentrer chez eux. Mais ceux-ci s'excusèrent « à l'occurence du tems et aux intentions des princes unis avec » le cardinal de Bourbon ; toutefois ils voulaient seulement conserver leurs vies, observer le jeu des deux armées qui se renforçaient dans l'un et l'autre parti, et rester humbles sujets de Sa Majesté. Seulement, ils ne s'en tinrent pas longtemps à ce rôle pacifique. Le 6 juin 1585, sur la nuit, les huguenots du Royans conduits par « le sieur de Cugy, de Triol, Delaye et Vachères, passent l'Isère au port de Beauvoir, et allèrent jusqu'à Bertuquières, Saint-Sévère et autres lieux, » où ils firent quelques ravages et prirent du bétail qu'ils vendirent à leur retour au port. Quelque temps après, des huguenots conduits par Vachères passaient près de Chabeuil pour revenir au Royans, et tuaient un soldat de la garnison de Chabeuil, commandée par M. de Montoison. Celui-ci, sortant sur eux avec des cavaliers, leur tuait quelques soldats, et le reste de nos huguenots venait prendre le château d'Hostun et tuer de sang-froid tous les paysans qui s'y étaient réfugiés avec leurs biens. Quelques sept semaines plus tard, le 20 juillet 1585, Maugiron envoya à Saint-Nazaire le conseiller Thomé, pour faire part aux réformés de la paix conclue par le roi avec les princes, et inviter tout le monde à se retirer chez soi ; mais les réformés, pleins de défiance, après avoir promis de se retirer, remontèrent aux montagnes avec leurs troupes. En même temps, « le régiment de Montlord » alla à Beauvoir en garnison, laissant 30 soldats dans le prieuré de la Sône ; mais bientôt il fut envoyé à Crest, pour, de là, aller avec d'autres troupes, secourir M. de Veaunes en la citadelle de Die.

Le 3 août 1585, est publié à Grenoble l'édit royal prescrivant à tous la paix, et aux réformés de vivre catholiquement ou de quitter le royaume. Les huguenots des montagnes s'opiniâtrant et fortifiant Die, ceux du Royans sont contraints de fournir pour cela des vivres et des pionniers, et se retirent à Saint-Jean-en-Royans, où Maugiron les fait poursuivre par sa compagnie et le régiment de Monsieur de Montlord. Ils fuient aux montagnes, le 16 août, mais pour redescendre bientôt et aller chercher au-delà de l'Isère des ressources et vivres que la stérilité de la saison les empêchait de trouver au Royans.

Cependant, le 25 juin 1586, arrivent au Royans les régiments du sieur de Ramefort et du baron de la Roche. Ils reviennent de la Mure et vont attaquer Pont-en-Royans, que les huguenots abandonnent après avoir perdu 40 chevaux et quelques hommes. Après cela, ils vont passer l'Isère à la Sône, et se retirent au Valentinois, avec plusieurs autres compagnies à cheval descendues par le Royans afin d'éviter la contagion qui désolait Saint-Marcellin. Puis les huguenots, descendant au Royans, vont ravager le 23 novembre la rive gauche de l'Isère, et prendre un bateau chargé de sel qui montait à Grenoble. Bien plus, le 25 décembre de la même année, une cinquantaine de huguenots conduits par le sieur de Frize, qui commandait alors pour leur parti à Pont-en-Royans, entrent subitement dans l'église de Saint-Antoine, sur la fin de la grande messe, et y prennent le sous-prieur de Reyverolles, le commandeur de Charny, le curé de Roybon, « Mr de Rostain avec ses 2 chevaux, le châtelain Anisson, frère Pierre Aubujoux, Claude Dubois, Pilloton le Bret, de Vinet, Jean Villon. » Ces pillards s'en vont soudain et mènent leurs captifs « au Pont-de-Royans, au château. » On laisse cependant aller « Jean Villon et le Bret, leur donnant charge de retirer neuf manteaux qu'ils avoient laissez en la maison dud. sieur de Frize ; » mais on « les arançonna tous, fors M. de Rostain, que M. de Cugi fit rendre, mais lui coûta son grand cheval. »

Le sieur de Frize était de Saint-Antoine, ce qui explique pourquoi

Piémond, dont nous exploitons ici les mémoires, continue son récit en s'écriant : « Voilà un bon patriote ! » Du reste, pour édifier pleinement les lecteurs sur la valeur du patriotisme de ce sieur de Frize, notre chroniqueur ajoute : « Il a depuis fait faire deça, par une formillière de larrons d'où il se servoit, des courses de nuit pour surprendre et les uns et les autres. Ils prindrent sieur François Mignon, d'où ils eurent cent écus ; Bouverot, d'où il eut 500 écus : somme que à guerre ouverte il s'étoit rendu ennemi de la ville » de Saint-Antoine. Plus tard, « pour punition de ce fort fait, led. sieur de Frize, après être sorti dud. château du Pont et retiré en sa maison à St-Antoine, par ceux de la même religion il fut épié à St-Antoine le propre jour de Pâques, 11 avril 1599, pour être saisi prisonnier, et se sauva à la fuite. Dieu ne laisse rien impuni. »

Saint-Antoine n'était pas le seul théâtre des déprédations des huguenots de Pont-en-Royans. Un jour, ceux-ci viennent, au nombre de 35 et conduits par Bibat, attaquer le château de Saint-Paul près Romans. Bibat fait jouer le pétard, on entre dedans, on pille le château, on prend et on mène au Pont le châtelain Perret, auquel on demande 4,000 écus.

Cependant, les catholiques, émus de ces excès, voulurent y mettre fin. Le 11 janvier 1587, à l'aube du jour, M. de la Baume, avec 300 arquebusiers tirés de Valence, de Romans et d'ailleurs, et avec quelques cavaliers, arrive à Pont-en-Royans, où était la compagnie du sieur de Cugy pour les huguenots, avec quelques hommes de cheval et de pied. Des barricades étaient dressées ; mais M. de la Baume les emporte, et la ville est gagnée pour les catholiques, ainsi que les chevaux et les bagages des huguenots. Le châtelain Pierre qu'ils tenaient prisonnier est libéré, et Cugy se sauve à pied. Cependant les huguenots du château « ne voulurent jamais sortir ; les religieux étaient encore prisonniers et mis à rançon par Frize : Monsieur de Charny à 120 écus, les autres trois pour 600 escus, le châtelain et Dubois pour 60 écus. L'on mit le feu encore dans la ville pour la haine des ravages qu'ils faisoient. »

Quelques jours après, le capitaine Châtain, enfant de Beauvoir-en-Royans, avec une quarantaine de soldats, entreprit de saisir le château du Pont, et surprit de nuit un petit fort qui commandait ce château. Mais ces braves étaient mal fournis et mal pourvus de vivres. L'entreprise aboutit à la mort de catholiques. Aussi, en avril 1587, les coureurs du Pont infestaient encore les environs de Saint-Antoine, y prenaient un paysan qu'ils menèrent au Pont, où ils lui

firent payer 40 écus de rançon. En octobre suivant, 50 chevaux de
la compagnie de M. de Cugy allèrent « à Lens, à la maison de
M. de la Saulne, qu'ils pétardèrent et prinrent son fils et saccagèrent
ce qu'ils purent. » Après quoi, Frize tint « led. fils du sieur de la
Saulne en une cave sous sa chambre, au château du Pont, bien
trois mois, et fallut bailler 4,000 francs. Autres certains brigands »
passèrent l'Isère, et prirent des paysans, qu'ils menèrent au Pont.

En décembre 1587, les huguenots du Pont firent une sortie au-
delà de l'Isère, au-dessus de l'Albe. Ils tuèrent 7 soldats au capitaine
Bonnet. Poursuivis à leur tour jusqu'au port de Beauvoir, ils y
eurent 8 hommes noyés et 2 tués dans le bateau ; 18 chevaux à bord
d'eau furent pris et emmenés à Saint-Marcellin. Cela leur rabattit
l'ardeur de courir.

En février 1588, M. de Charpey tuait encore 13 soldats et prenait
40 chevaux à Cugi, qui se sauvait au Pont, ainsi que Frize, Bibat
et Rebut. La même semaine, Soubreroche allant de Die au Pont,
avait 12 hommes tués sur place, plusieurs blessés, et presque toutes
ses armes enlevées par Germont, capitaine catholique, qui occupait
Saint-Jean-en-Royans.

Le 12 mai suivant, 8 soldats du gouverneur de St-Marcellin,
étant allés à la guerre, sur quelque passage du côté d'Armieu, dé-
couvrirent 11 soldats du Pont, menant chacun un paysan prisonnier
attaché. Ils les chargèrent et leur firent abandonner leurs prisonniers.

Le 25 juin 1588, le sieur de Ratières, de la garnison de Saint-
Marcellin et capitaine d'une compagnie d'argoulets à cheval, veut
aller avec une trentaine de soldats à pied jusqu'aux portes de Pont-
en-Royans, où ils font 3 prisonniers. Mais, au retour, ils s'amusent
à boire à Saint-André, et les huguenots ayant découvert combien ils
peuvent être, les suivent, qui à pied, qui à cheval, et les atteignent
au bois de Claix. Ratières et ses hommes perdent courage et
courent aux bateaux, où douze, voulant sauter trop vite, sont noyés,
pendant que sept sont tués, et sept faits prisonniers. Le reste se
sauve dans le bois.

Après de nombreuses courses des huguenots du Pont sur les deux
rives de l'Isère, une trêve est conclue le 20 mars entre Alphonse
d'Ornano, lieutenant général en Dauphiné, et Lesdiguières. Mais
Cugi, toujours gouverneur du Royans pour les huguenots, continue
à guerroyer. Vers la fin de mai suivant, il porte hors du Dauphiné
ses armes impatientes, et va, de concert avec des capitaines catholi-

ques, prendre Andance, au bord du Rhône, pour échouer ensuite devant Condrieu.

Le 15 septembre suivant, Lesdiguières et d'autres de son parti descendent au Royans, et ce célèbre chef loge au château de la Grange. Alphonse d'Ornano s'y étant rendu, on traite de faire la guerre contre Romans, Bourgoin et Moirans, tenus par le parti des Guises. Mais ce n'est pas la fin de la domination des huguenots au Pont, car le 17 janvier 1590 le reste de la compagnie du sieur de Verdun, qui y était, avec partie de la compagnie de M de Cugi, son beau-père, s'assemblent à Dionnay avec les autres, puis se dirigent vers Bressieux ; et le 17 juillet suivant, de Verdun est encore au Pont, d'où il fait piller à Saint-Antoine des bœufs, des brebis et des chèvres, qui sont ensuite, sur son ordre, vendus aud. Pont. Celui-ci doit être poursuivi ; on obtient contre lui un décret pour le faire venir à compte ; mais les sergents royaux refusent de faire les notifications, et il faut que le président St-André donne pour cela un archer de prévôt, qui va les faire au Pont.

Le 16 août 1590, au lieu de comparaître à Romans pour le fait en question, Verdun envoie le capitaine Monduisant, son lieutenant, avec 18 argolets, jusqu'aux portes de Saint-Antoine ; ils y prennent tout le bétail qu'ils peuvent et l'emmènent au Pont. Sur ce, le président St-André lui écrit de ne pas molester ainsi Saint-Antoine ; mais il ne répond rien. St-Ferréol lui écrit dans le même sens ; Verdun se contente de mettre au dos de la lettre : « Monsieur, ceux qui vous ont fait entendre que mes soldats les ont ravagéz, ont menti. S'ils sont de ma qualité, je les ferai mourir pour revenche ; si non, cent coups d'étrivières. Je commande au Royans en l'absence de M. de Cugi ; je permets bien lever des assignations qui ne sont pas plus liquides que celle que je demande aux gens de St-Antoine. Ils se sont bien gardéz d'en présenter requeste à M. Desdiguières, auquel je suis serviteur. A M. de Saint-André, à M. le baron de la Roche, et à vous, s'il vous plait, pour votre particulier (1). »

Du reste, Cugi, par lui ou ses lieutenants, rançonne bien d'autres pays. Encore en 1590, on le voit sommer les consuls de Bouvante de lui fournir en contributions du vin, du blé, des moutons, de l'avoine et autres provisions à l'usage de sa table et de ses chevaux (2).

(1) *Mémoires* cit.; — DASSY, op. cit.; — LACROIX, *Invent.* cit., E, 1253
(2) VINCENT, op. cit., p. 90-1.

Enfin, pour compléter un peu le tableau des évènements lugubres dont le Pont et le Royans furent le théâtre en cette année 1590, nous devons rappeler le trait suivant dont le souvenir fait dresser les cheveux sur la tête. Le calviniste Duverdet était accouru de Die à Saint-Antoine avec une soldatesque digne de lui. « Homme féroce, il ne lui suffit pas d'arracher à l'église le peu d'ornements qui lui restaient, et de s'enrichir des dépouilles sacrées ; il a des chaînes apportées exprès pour les chanoines. Duverdet en traînait quatre dans les prisons de la ville de Die : au passage de l'Isère, il leur montra l'eau d'un geste significatif ; mais, arrivé sur le pont d'une autre rivière, celle de Bourne dans le Royannais, choisissant un abîme rapproché, il y précipite ses prisonniers au milieu d'imprécations furibondes (1). »

De si odieux excès préludaient à l'agonie de la domination militaire d'une odieuse faction. Le 22 décembre 1590, Lesdiguières enlevait Grenoble aux ligueurs, et le Dauphiné était désormais entre les mains de Henri IV. L'occupation du Pont par les hordes huguenotes perdait tout prétexte d'existence. Aussi les *Mémoires* de Piémond disent-ils que, « après la prinse de Grenoble, M. Desdiguières retrancha la compagnie de M. de Frize du château du Pont à 12 hommes. » Bien plus, après une assemblée à la *Grange de Royans*, « où se trouvèrent les seigneurs Desdiguières, de Boutéon, de la Baume, du Pouët, de Blascon et autres, » et qui eut lieu le 11 janvier 1592, on voit, en février suivant, M. de Frize demander « à Saint-Antoine un pionnier pour feu pour démolir le château du Pont en Royans, qu'il avait fait bâtir au préjudice du païs (2). »

Dès lors, le Pont retrouva quelque peu de calme, et put panser les innombrables blessures que lui avaient causées vingt-cinq ans de luttes et de ravages inouïs. Notre génération se ferait difficilement une idée du spectacle navrant que présentait alors cette malheureuse petite ville. En voici cependant quelques traits fournis par un acte du 3 avril 1598. Avant cette époque, « par le moyen des guerres civiles, pour raison desquelles la ville de Pont-en-Royans » avait « été brûlée, et par le moyen aussi de la maladie dernière de la contagion, » il était mort « plus de la moitié du peuple. » Aussi, « plusieurs chasaux, terres et autres biens, étaient « demeurés vacants à lad. ville, » laquelle avait fait choix de trois procureurs chargés de

(1) DASSY, op. cit., p. 266-7.
(2) *Mémoires* cit.

déférer ces biens à ceux qui auraient moyen d'en payer les tailles. Ces procureurs, qui étaient Gaspard Chastel, Léonard Macaire et Isaac Rochas, marchands du lieu, à la date ci-dessus et en vertu de la charge indiquée, cédèrent à Guillaume Allemand un chasal de maison située entre la Bourne, le chasal des prieurs du Val-Ste-Marie, la rue, et le chasal d'Antoine Terrot. Le prix fut d'un écu, qui allait être employé « à la faction et parachèvement de l'horloge de lad. ville (1). »

La rage des sectaires avait particulièrement frappé les édifices religieux. Quant au personnel du prieuré et aux ecclésiastiques de la localité, ils avaient dû fuir pendant de longues années devant l'horrible tempête. Le temps considérable pendant lequel n'apparaît aucun document les concernant, en est à lui seul une preuve assez claire. Nous n'avons rien de positif sur leurs personnes ni sur leurs droits dans la localité depuis l'acte cité de 1569 jusqu'à un du 26 décembre 1591. Par ce dernier, Claude Glénat, marchand du Pont, « de la part de Messrs les Relig^x de St-Antoine de Viennois, prieur du prieuré de ce lieu du Pont et curé de la cure de » Ste-Eulalie, requérait le consul de ce dernier lieu et son conseiller d'avoir à faire réparer leur église. Il leur offrait d'y faire célébrer le service divin dès qu'il pourrait y avoir lieu. Cet acte prouve que, si les religieux de St-Antoine n'étaient déjà rentrés en possession du prieuré du Pont, dont dépendait la cure de Ste-Eulalie, ils songeaient sérieusement à le faire. Mais il ne suppose pas que le prieuré même fut déjà réorganisé, occupé et administré par quelqu'un ou quelques-uns d'entre eux. Toutefois, ce dernier point était obtenu dès 1598, comme le montre un contrat du 10 juin de cette année. Ce contrat, reçu par Piémond not^e, porte que Messieurs du vénérable chapitre et couvent du monastère de St-Antoine donnent « à vénérable frère Antoine Collet, » religieux dud. ordre l'*administration* et le *régime* du prieuré de St Pierre de Pont en Royans, uni par autorité apostolique à la table conventuelle dud. monastère. Collet jouira sa vie durant de tous les fruits et revenus, droits et prestations annuelles appartenant à ce prieuré, sous les conditions portées aud. contrat, notamment sous celle de payer annuellement les charges ordinaires et extraordinaires de ce prieuré.

On a divers contrats passés par Collet au sujet du prieuré, en l'année 1599 et plus tard. Mais dès le 5 septembre 1603, ce sont « lesd. seigneurs du Chapitre » qui agissent dans un arrentement du

(1) *La Romanaise*, 25 mars 1864 ; — *Not. histor. sur la famille Terrot*, p. 76-7.

prieuré pour 3 ans à Pierre Arnaud, marchand du Pont, au prix de
330 livres par an, et reçu encore par Piémond not°; et cet arrentement porte : que ces 3 ans commenceront « pour les terres et censes »
au 1er novembre 1603, et pour le droit du four au 1er janvier 1604 ;
que Arnaud avancera « sur le susd. prix l'entretien du prêtre qui fera
le divin service aud. prieuré, » mais ce seulement suivant les mandats
desd. seigneurs du Chapitre ; qu'il avancera aussi les décimes, les
portant auxd. seigneurs 15 jours avant le paiement que ceux-ci devront en faire ; que s'il fait quelque réparation au four avec le seigneur du Pont, ils lui tiendront compte de la moitié due par eux ;
que pour les cas fortuits qui adviendraient, on s'en tiendra au rabais
à fixer par des amis communs. En 1606, c'était encore le Chapitre de
St-Antoine qui agissait directement et en son nom à propos de difficultés, pour la dime, avec Ste-Eulalie.

Après quoi, on trouve le Père Claude Aubert, *prieur*, passant
devant Giroud, not° au Pont, divers actes au profit du prieuré, entre
autres un arrentement fait en 1609, année où fut passée une « matri-
cule des terriers » de ce prieuré (1). En 1613, frère Aubert, chargé,
comme *prieur* du Pont, du service de Ste-Eulalie, conduisait en ce
dernier lieu, le vicaire général de Die en visite canonique (2).

Le 14 décembre 1622, par acte reçu Piémont not° à St-Antoine,
le vicariat du prieuré du Pont était confié au Père Gérard Carrat,
commandeur d'Avignon, sous lequel furent faits plusieurs actes au
nom du Chapitre et au profit dud. prieuré. Celui-ci avait recouvré à
peu près tous ses biens d'autrefois, et la maison priorale, surtout
« la chambre basse, » servait souvent, du moins dès 1625, à passer
les reconnaissances, arrentements, etc. Il y a un dernier acte que
frère Carrat signe comme « commis » par le chapitre de St-Antoine
« pour servir *in divinis* en qualité de vicaire, sa vie durant, aud.
prieuré et cures qui en dépendent, assisté d'un prêtre secondaire. »
C'est une déclaration qu'il fait, le 31 octobre 1634, des fonds que le
prieuré « possède de toute antiquité dans le Pont, Ste-Eulalie, St-
Étienne de Belair ou de Chorenches. » Ces fonds sont, 1° au Pont :
un jardin dans l'enclos des vieilles murailles dud. Pont, confrontant
à la rue qui va à Bourne au vent, le cimetière du lieu au levant, des
chasaux où étaient jadis les maisons du prieur et de ses religieux au
couchant, et les murs anciens de la ville (passage entre deux) de
bise ; une pièce de terre dite *le champ du prieuré ; 2°* à Ste-Eulalie :

(1) Arch. de la Drôme, fonds de Ste-Croix.
(2) Arch. cit., *Visites* de Die.

1 pré, 1 pièce de vigne avec terre et pré, et 1 terre, le tout appartenant au prieuré même ; et une pièce de pré avec vigne, provenant
de la cure dud. Pont ; 3° à St-Etienne, 3 pièces de terre, dont l'une,
près du cimetière, provient de lad. cure du Pont. Au surplus, les
titres de commis et vicaire, sa vie durant, aud. prieuré, que prend
Carrat, expriment les conditions dans lesquelles se trouvèrent ses
successeurs à la tête de la maison du Pont ; car le prieuré continua
à rester annexé au chapitre de Saint-Antoine, bien que les vicaires
de celui-ci au Pont aient souvent pris le titre de prieur ou de supérieur, et aient agi en beaucoup de choses sans recourir au chapitre
ou à l'abbé de l'ordre.

Parmi ces chefs de la maison du Pont, nous trouvons ensuite les
RR. PP. Louis Darliac (1642-55), Jean Symonet (1657-8), Jean-
Pierre Baborier (1658-68), Louis Caquey (1670-1), Ange de Blosset
(1673-6), Jacques Petichet (1676-9), François Brenier (1679-84),
Jacques Pilliéron (1685-91), Antoine Dauphin (1692-5), Jean Eynard
(1695), Antoine Truchet (1695-1705), H. Mongellaz (1705 et 1706-7),
J. Faujas (1706), Gabriel Vallier de Baleine (1708 et 1711), Melchior
Millias (1712), Pierre Gonon (1713-7), Antoine-Joseph Lachasse
(1717-20), Pierre de Larenie (1720-3), Louis Burignot (1723-7 et
1728-9), André Carlin (1727-8 et 1729), François de Beaumont
(1729-34), Pierre de Russy (1735-41), Fr. de Beaumont (1742-6), J.
Durret (1748-52), François de Beaumont (1757-69), et Fraisse (1774-
8) (1).

Les revenus de la maison consistaient en dîmes, censes et droits
seigneuriaux, récoltes des fonds exploités par les religieux, pensions,
etc., dont voici l'indication détaillée d'après l'*Estat de la maison* pour
1678, sauf additions ou observations d'après d'autres documents,
s'il y a lieu.

Le four banal du Pont, affermé par moitié avec le marquis du lieu,
rendait au prieuré par an la somme de 130 livres 10 sols, et tous les
15 jours 2 braises retirées par la femme faisant la lessive des religieux pour avoir des cendres.

La dîme de Choranches, affermée 550 livres, et 4 charges de vin
en vendange estimées ensemble 16 livres.

La dîme de Vassieux, affermée 500 livres, outre lesquelles le fermier payait 100 livres de chandelles et 100 livres de fromage pour
l'abbaye de St-Antoine, autant de chandelles et de fromage pour la

(1) Arch. cit., fonds de Ste-Croix.

maison du Pont ; il payait encore toutes les charges et le vicaire du lieu.

La dîme et les rentes du prieuré de Valchevrières, affermées 33 livres.

La dîme de St-Julien-en-Quint affermée, toutes charges payées, 80 livres.

La dîme de Laval-St-Mémoire, affermée 63 livres. Cette rectorie cessa dès 1765 d'être desservie par les Antonins du Pont, qui, par suite, n'en retirèrent plus rien.

La dîme des grains du Pont et de Sainte-Eulalie, payée en grains par le fermier, et évaluée à 207 livres 4 sols ; celle des agneaux desd. paroisses, affermée 6 livres ; et celle du vin de Ste-Eulalie affermée à 11 charges, à raison de 3 livres la charge, soit 33 livres. La dîme du vin du Pont rendait environ 50 charges, qui, estimées 4 livres l'une, faisaient 200 livres.

Le terrier du Pont, déduction faite de la 9ᵉ part revenant à l'exacteur pour sa peine, devait rendre par an : 9 sétiers froment, estimés 18 écus ; 2 sétiers *écossial* ou seigle, estimés 10 liv.; 9 sétiers avoine, valant 18 liv.; 3 baraux de vin, valant 4 liv. 10 sols ; châtaignes fraîches et sèches, gelines, poulets, pailles, palets et noyaux, valant en tout environ 8 liv.; 8 liv. 4 sols 8 deniers d'argent, valant seulement environ 7 livres, à cause des deniers et liards, qui ne s'exigaient pas.

Les lods, valant environ 20 liv. par an.

Les pensions, valant 50 livres par an.

Les fonds exploités par la maison, rendant par an en moyenne : 6 sétiers froment ou fèves, valant 40 liv.; 3 sétiers froment, valant 20 livres ; 3 sétiers orge, valant 12 liv.; 4 sétiers « bled noir ou erres ; » 12 charges de vin, à 3 liv. 10 sols chacune ; et 20 quintaux de foin, à 15 sols chacun.

Le terrier de la chapelle de Claix, desservie depuis quelques années par le Pont, et lui produisant environ 12 liv. pour les grains, dont le rentier de l'abbaye avait exigé une partie à la Toussaint 1677, et 10 livres en argent ; 2 petits champs en froment ou avoine, dépendant de cette chapelle et produisant 6 livres ; les offrandes ou honoraires de messes qu'on y recevait, valant, frais déduits, environ 120 livres le 8 septembre, et 10 liv. le reste de l'année.

3 pensions achetées par le R. P. Baborier, valant 18 liv. 10 sols.

La sacristie de l'église du Pont, produisant environ 15 liv. en offrandes ou honoraires de messes ; le service des fondations ou chapelles, produisant 38 livres 19 sols ; la cure dud. lieu, c'est-à-dire le casuel, qui avait produit les deux dernières années 150 livres, « à cause de deux annuels, mais ne produisait ordinairement que 60 livres ; et la chapelle des Pénitents, valant en messes 8 livres.

Il y avait en outre la pension de 6 sétiers froment, valant 42 liv., et de 4 sétiers avoine, valant 8 livres, que faisait la cure de Châtelus, mais qui était alors plaidée ; et les pailles de la dîme de Ste-Eulalie, valant environ 10 livres.

En somme, les revenus annuels du prieuré du Pont étaient en 1678 de 2529 livres et 13 sols.

Les charges annuelles du prieuré étaient, d'après le même *Estat* de 1678 : 200 liv. au curé de Choranches pour le service divin de ce lieu ; 200 liv. au curé de Ste-Eulalie pour le service divin de ce lieu, et 12 livres pour le service qu'il faisait à Laval-St-Mémoire ; pour les décimes des prieuré, sacristie et cures du Pont et de Choranches, et du prieuré de Valchevrières, et pour celles de la paroisse de Ste-Eulalie, 144 liv. 13 sols 8 deniers ; pour la 24e des pauvres des 3 paroisses, 27 livres ; pour intérêts de sommes empruntées, 9 livres 12 sols ; pour gages de M. Morin, qui « fait le poil, pour 30 sols par religieux, » (à 6 religieux) 9 livres ; pour gages de la femme de Jourdan, lessiveuse, 20 livres ; pour gages de Barthélemy Brissot, qui « sert de valet pour 12 écus par an, » 36 livres.

Ces charges, montant à 658 liv. 5 s. 2 den., étant déduites des revenus, il restait 1871 liv. 7 sols et 10 den. pour les dépenses communes de la maison, c'est-à-dire pour la nourriture de 6 religieux, d'un domestique (1) et des ouvriers, pour le vestiaire, les voyages, etc.

De ces 6 religieux, 5 étaient prêtres et faisaient outre leur service particulier, celui de la paroisse et quelques fonctions au dehors. Le religieux convers s'appliquait aux affaires intérieures de la maison. Tout nous révèle dans cette petite communauté beaucoup d'ordre, d'entente et de piété. La bibliothèque de la maison, composée dès 1695 de 229 volumes dont nous avons l'inventaire détaillé, fait certainement, par son caractère sérieux et savant, honneur à ceux qui

(1) Les inventaires de 1742, 1746 et 1762 accusent 5 religieux et 3 domestiques. De ces derniers, l'un était cuisinier, à 42 liv. de gages ; le deuxième, valet d'écurie, à 48 liv ; le troisième, marmiton, à 12 livres. En 1765, on ne trouve plus que 4 chanoines ou religieux, et les 3 domestiques. Évidemment, la diminution des vocations qui affectait alors l'ordre de Saint-Antoine, se faisait sentir au Pont.

l'avaient acquise et à ceux qui s'en servaient. Nous y trouvons
1 *Saint-Augustin* en 7 vol. in-folio, 1 *Saint-Ambroise* en 2 vol. in-
folio, les œuvres de Saint-Grégoire-le-Grand en 3 vol. in-folio,
celles de Saint-Basile, de Saint-Cyprien, de Saint-Cyrille, de Saint-
Thomas d'Aquin, de Saint-Grégoire de Nazianze, de Saint-Bona-
venture, de Tomassin, de Bellarmin, etc., etc.

Les procès pour la défense de leurs droits ont eu place dans la
sollicitude des Antonins et de leur communauté du Pont. On trouve
des débats avec les habitants de Ste-Eulalie, pour la dîme, en 1606
et de 1642 à 1649 ; avec les habitants de Laval-St-Mémoire, au
sujet du service religieux de ce lieu, de 1642 à 1644, en 1654, en
1712, en 1749, et de 1761 à 1765 ; avec le curé de Châtelus ou le
prieur de la Sône, au sujet de la pension des Antonins sur Châtelus,
de 1644 à 1645, de 1665 à 1667, en 1677, 1679, 1680, 1681, 1688,
et de 1695 à 1699; avec les consuls du Pont, sur la dîme, en 1648 ;
avec les curés de St-Just-de-Claix, à propos de la chapelle de Claix,
en 1675, 1679, 1696 et 1700 ; et avec l'évêque de Die, au sujet des
bois de Valchevrières, en 1736. Mais les détails relatifs à la plupart
de ces débats ont leur place naturelle dans les travaux historiques
sur les paroisses où étaient les droits ou objets en litige ; et nous
n'en donnerons ici que pour ce qui regarde un différend avec le marquis du Pont.

Plusieurs fois des difficultés avaient surgi entre les Antonins et
les seigneurs de Pont-en-Royans relativement à leurs droits déjà
réglés en 1259 et en 1276. Chaque fois elles avaient été tranchées
par des sentences judiciaires ou par des arbitrages.

Dès 1686, il s'en était de nouveau élevé, et sur plusieurs chefs.
Elles furent réglées par une longue transaction du 5 mai 1690,
passée devant Louis Bechard, notaire de Vourey, et Antoine Burlet,
notaire de la Buissière et Bellecombe, entre George-Paul de Maule-
vrier de Langeron, abbé de Saint-Antoine, ainsi que frère Jacques
Pilliéron, supérieur de la maison du Pont, et Joseph-Louis-Alphonse
de Sassenage, marquis dud. Pont. Il fut convenu que les religieux,
clercs, prêtres, convers et domestiques du prieuré demeureraient
exempts de la juridiction du seigneur en toutes causes et actions
réelles et personnelles, ainsi que de tous droits de leyde et de
toutes sortes de bannalité, notamment de celle des moulins et du
pressoir bannal dud. seigneur; qu'ils auraient la liberté de faire
moudre leurs grains où ils voudraient et de faire construire dans
les bâtiments du prieuré un pressoir pour la vendange de leurs

vignes et de leurs dîmes ; que le marquis seul aurait le droit de
pêche dans la Bourne, depuis le pont de Chorenches jusqu'à la
Forneira, et la propriété de ses moulins et pressoir bannaux ; que le
four bannal demeurerait commun entre le marquis et le prieuré,
lesquels seraient exempts du fournage. avec faculté « aud. seigneur,
n'habitant pas dans led. lieu du Pont, de céder » son exemption à
telle famille dud. lieu que bon lui semblerait ; que le bois de Barret
demeurerait en commun pour l'usage du four seulement, et resterait
au prieuré pour la propriété.

Au surplus, nos religieux continuaient leur œuvre au Pont, quand
la décadence morale de leur ordre, ou du moins la diminution de
son personnel, faute de nouvelles vocations, fut pour d'hypocrites
ministres l'occasion de l'unir à l'ordre de Malte. Cette union, qui
équivalait pour Saint-Antoine à une sorte de suppression, fut consommée en 1777 et modifia d'abord assez peu le personnel et la vie
intérieure de notre prieuré. Seulement, au lieu de relever de la maison de Saint-Antoine, il releva comme Sainte-Croix près Die, du
grand prieuré de Saint-Gilles. C'est pourquoi, le 10 décembre 1777,
frère Dominique-Gaspard-Balthazard Bailly de Gaillard, chevalier
de l'ordre de Malte, administrateur des biens du grand prieuré de
Saint-Gilles, envoie de Marseille à M' Jean-François Mésangère,
avocat en la Cour et notaire à Valence, procuration notariée pour
administrer les biens dépendants de ce grand prieuré et appartenant
à la maison de Pont-en-Royans. Depuis lors jusqu'à la Révolution,
nous ne connaissons guère de l'histoire de cette maison d'autres
faits particuliers qu'un procès soutenu devant le parlement, par le
sindic des ordres réunis, contre les consuls, communauté et curé
du Pont.

Les bâtiments avaient été l'objet d'une reconstruction presque
complète. Le 21 janvier 1655, nos religieux recevaient en alberge-
ment du marquis du Pont, sous la cense annuelle et perpétuelle de
18 deniers, la faculté de faire construire, dans le clos de leur
prieuré du Pont, un pigeonnier de la hauteur et de la largeur
que bon leur semblerait. Le 27 août 1666, le R. P. Louis de
Charency avait bénit la première pierre du bâtiment neuf du
prieuré, et M' Chaléon, faisant pour M' le marquis de Sassenage, l'avait posée. Le 26 juillet 1676, les religieux avaient chargé
Jean Ferrand, maître maçon de St-André, et Guigues Bouvaret,
maître maçon de St-Romans, « de descouvrir le toict du quartier de

bastiment qui » n'était pas « achevé, et de mettre les tuiles où le charpentier » le verrait « à propos ; » d'y faire un « faux toict d'ais, pour pouvoir résister aux injures du temps et servir aud. quartier, » et de le maintenir jusqu'à prix fait achevé ; d'élever les murailles de tous les côtés dud. quartier de bâtiment, et d'y faire « les fenestrages nécessaires de la mesme autheur et de mesme que au bastiment » qui était « achevé. » Les religieux devaient fournir pierres, chaux et sable « au bas dud. bastiment, » et même les pierres de taille qui manqueraient. L'ouvrage devait commencer le surlendemain et être achevé dans deux mois ; il consistait en somme à « parachever cinq chambres du second dortoir, depuis les accoudoirs du fenestrage » jusqu'au toit, et cela au prix de 150 livres et une charge de vin.

Le 11 octobre, Ferrand était chargé de « faire et élever la muraille déjà commencée sur la rivière de Bourne, depuis le couvert jusques à la maison vieille, de l'auteur nécessaire pour y mettre un tablement ; de faire et élever les murailles de chaque côté des degrés jusques aux poutres ou sommières du grenier, et de continuer les arestes desd. murailles de pierres de taille jusques aux poutres. »

Le 4 février 1678, Ferrand était chargé de « faire le parapin du puix du jardin et y mettre un couronnement de pierre de chuin, » au prix de 9 livres ; de « faire la muraille du jardin contre la porte et la rendre à la hauteur de celle du long de l'église, et y mettre deux larmies de pierre de chuin de 2 pieds d'hauteur et 1 et demy de largeur, » au prix de 18 livres ; de « rehausser la porte de l'entrée du prieuré, la mettre au niveau de celle de l'église, y adjouster les deux pierres du soubsbassement, et y mettre le marchepied de pierre de tallie, » pour le prix de 6 livres, 10 sols. Sur la totalité, le prieur ajoutait un *baral* de vin.

Le 25 avril 1684, Me Jean Bellier, avocat, vendait, pour 1375 livres « une maison, jardin et plassage » situés sur la rivière de Bourne et joignant le jardin du prieuré.

Le 20 août 1685, le syndic du prieuré chargeait Jacques Lambert, maçon, de « parachever les cinq chambres qui restoient à faire au second dortoir. »

Depuis lors, nous ne trouvons plus que des améliorations accessoires et des travaux et dépenses d'entretien pour les bâtiments prieuraux, qui vers 1778, formaient avec le jardin attenant une assez grande et belle résidence, comme on le voit par cette description

qu'en firent alors deux experts nommés par M. Mésangère, procureur
du chevalier Bailly de Gaillard.

« Le tout contient 458 toises, sçavoir la maison 90 toises, le jardin
326 toises, et les écuries 42 toises. La maison où logent lesd. religieux est située dans le bourg du Pont-en-Royans; elle forme un
quarré long, elle est composée au rés-de-chaussé, d'une cuisine,
reffectoire et tincruet, au-dessous desquels appartemens sont deux
caves voûtées, l'une sert de canardière ; le p^r second étage sont le
chacun composé de 8 chambre, la chacune desquelle est éclairée par
une grande fenestre vitrée ; le galletas forme plusieurs petits appartemens où sont les greniers ; le reffectoir et la cuisine sont éclairés
par 5 grandes fenestres et communique par deux portes. Confine
lad. maison au levant une rue publique, du couchant le jardin, du
midi le torrent de Bourne, et de bize l'église paroissiale.

« Le jardin, dans lequel est compris une terrasse et les allées,
confronte au levant la principale façade de lad. maison, du couchant
la place du Breuil, l'apartement qui sert d'écurie et une petite ructe,
du nord lad. église, la terrasse entre deux, et du midi le torrent de
Bourne.

« Les batimens qui servent d'écurie et grenier à foin confinent du
couchant la place du Breuil, et des autres parts le jardin. »

Les divers immeubles du prieuré situés sur les communes de
Pont-en-Royans et de Choranche qui appartenaient aux religieux
réunis de Malte et de St-Antoine, furent vendus le 17 juin 1793,
pour le prix de 110,200 livres. Ceux d'ailleurs, d'une importance bien
moindre, le furent également (1).

Transformée en fabrique à ouvrir la soie, la maison prieuriale rappelle encore aujourd'hui, malgré de nombreuses modifications, son
caractère et sa destination d'autrefois.

IV. ÉGLISE PAROISSIALE.

Quand les chanoines de Sainte-Croix, sinon d'autres avant eux,
fondèrent la maison religieuse du Pont, ils n'avaient certes pas uni-
quement pour but d'y vivre dans le recueillement, la prière et le
chant des hymnes sacrés ; fort peu de localités étaient aussi défavo-
rables pour cela. Ils n'y furent certainement pas attirés par les avan-

(1) Arch, et fonds cit. *passim :* — DASSY, op. cit., pp. 339-53 ; — VINCENT, op.
cit., pp. 106 et 116 ; — LACROIX, *Invent.* cit., B, 893 ; *Bullet.* cit., VII, 269 ; —
PILOT DE THOREY, *ubi sup.*, pp. 223-8.

tages d'un sol favorable à la culture ; peu de terrains sont entourés
d'autant d'abimes, aussi étroits et aussi rampants que celui du Pont,
surtout dans la partie occupée par son antique prieuré. Le but premier de l'établissement religieux fut donc de travailler au salut d'habitants qui étaient déjà fixés sur les bords de la Bourne et dont le
nombre devait grandir.

D'après cela, il est probable que le service paroissial du Pont fut
d'abord fait par les religieux ou chanoines eux-mêmes. Voilà, du
reste, toute trouvée la raison pour laquelle l'église prieurale apparaît
toujours servant d'église paroissiale, aussi haut que les documents
que nous avons nous permettent de remonter.

Mais, plus tard, le service paroissial fut confié à un prêtre séculier
appelé tantôt chapelain *(capellanus)*, tantôt curé. Dès lors, les réguliers se contentèrent de faire leur service canonial. On régla les
offices de manière à ce que ceux de la paroisse et ceux des réguliers
ne se gênassent pas mutuellement.

Cette innovation paraît antérieure à 1259, année où, nous l'avons
déjà vu, Lantelme, *chapelain de l'église du Pont*, était chargé de
connaître de la restitution que Reynaud Bérenger pourrait avoir à
faire au prieur du lieu. Ensuite, un acte fait vers 1284 nous apprend
que le chapelain du prieuré pouvait, selon une ancienne coutume,
aller dîner ou souper une fois l'an en chaque maison de la paroisse ;
et cette coutume convenait mieux à un séculier qu'à un régulier.
Cependant, en 1285, Didier de Sassenage, prieur du Pont, s'obli-
geait, envers le prieur de Sainte-Croix, *à faire servir l'église dudit
Pont et les autres églises appartenant au prieuré du Pont, avec les
chanoines et serviteurs qui y demeuraient*, et de fournir à *ces chanoines
et à leurs successeurs* la nourriture, le vêtement et les autres choses,
de la manière accoutumée dans l'ordre de Ste-Croix et dans ledit
prieuré.

En tout cas, la cure du Pont était certainement tenue par un séculier en 1356, année où le bénéfice du curé a des biens absolument
distincts de ceux du prieuré. Ainsi, lad. année eut lieu, par acte
reçu Pierre Francon not[e], l'investiture d'un pré situé à la Boutarière,
paroisse de Sainte-Eulalie, et dépendant de la cure du Pont. Toutefois, les biens étaient de peu d'importance, puisque le curé ne figure
pas dans le rôle des décimes papales rédigé vers 1375 (1).

(1) Arch. et fonds cit., notes du 16e s. ; — CHEVALIER, *Polypt. Gratianop.* ; —
MARION, op. cit., p. 278-9.

Le testament de noble Isabelle du Puy (*de Puteo*), veuve de Guillaume Géraud, de Pont-en-Royans, fait le 10 janvier 1387, devant le notaire Jean Rochefort, nous apprend que le curé d'alors était un séculier nommé Jean Brunel (*dominus Joh. Brunelli*) ; que la testatrice habitait la rue au-delà du pont (*ultra pontem*), probablement celle *du Merle* ; qu'elle voulait être enterrée dans le cimetière de l'église St-Pierre-du-Pont, qu'elle fonda dans cette église un anniversaire à faire chaque année à perpétuité, tel jour qu'elle décéderait, ou, si ce jour était férié, le premier jour suivant non férié, et auquel assisteraient sept prêtres célébrant la messe et les autres divins offices pour les âmes d'elle et des siens, prêtres à chacun desquels on donnerait 2 gros ; enfin, qu'elle nomma pour ses exécuteurs testamentaires le curé et le sacristain du lieu (1).

Le procès-verbal des visites d'Aimon de Chissé, évêque de Grenoble, nous donne à son tour quelques détails sur la paroisse. Ce prélat y arriva le dimanche 22 juin 1399, et le curé lui alla au-devant et le reçut ; le lendemain on visita le prieuré et l'église, où tout se trouva bien, et le prélat confirma environ 100 personnes, et fit 8 tonsurés. La paroisse avait alors 80 feux (2).

Nous avons vu plus haut, en parlant du prieuré, quel était en 1406 le mobilier de l'église du Pont, quelles en étaient les chapelles intérieures, à propos de quoi intervint le curé de ce lieu, Martin Nervon, dans une formalité de lad. année, quelle part des offrandes paroissiales il laissait au sacristain, et ce que fournissait celui-ci. Nous avons vu comment le curé Etienne Bernard s'accorda avec le prieur, en 1428, au sujet de la maison curiale, dépendant du prieuré, et ce qu'il paya, en 1434, de droits de directe, à raison de cette dépendance, au nouveau prieur Pierre Bayle.

La cure fut au XIVe siècle l'objet de diverses générosités et fit des acquisitions. Ainsi, en 1437, par testament reçu maitre Jean Bayle, Jeanne Chaléon, fille de Jean Chaléon, autrement dit Beget, donna à la cure ou au curé du Pont une émine de vin pur. Peut-être est-ce à un don que cette cure était redevable de la directe, avec cense d'une éminée froment et d'une quarte noyaux, mesure du Pont, sur un tènement de maison, terre, vigne et blache, situé en la paroisse de Ste-Eulalie, droits reconnus le 30 novembre 1463 par Guillaume et Jean Faysan autrement Vallete, en faveur du curé

(1) Arch. et fonds.cit., cop. du 18e s.
(2) CHEVALIER, *Visites de Grenoble*, pp. 88 et 145.

d'alors, Claude Ymbaud. Sous celui-ci, la cure acquit de Jean Faysau, par acte reçu Pierre Boutarin, une pension de 18 sous, reconnue ensuite devant le même notaire, rachetée en 1552 pour la moitié, mais encore due, et reconnue devant Jacques Guichard, en 1552 même, pour l'autre moitié. En 1463, par testament reçu Guillaume Meyrie, de St-Laurent, noble Berthon Bayle, notᵉ de Pont-en-Royans, donna une vigne avec un petit pré à cette cure, à laquelle était fait reconnaissance en 1466 par acte reçu Pierre Boutarin, pour une vigne située à la Boutarière, et le 20 septembre 1482, par acte reçu Pierre Perrochin, pour un bois châtaigneraie situé *en Cortevo* sous cense d'une demi-quarte de châtaignes. Ces derniers bois et cense furent encore reconnus en 1553 par Guillaume Chaléon.

Mais, d'autre part, en 1484, les Chartreux de Bouvante achetèrent un baral de vin de pension annuelle du même Claude Ymbaud, « curé du Pont, moitié de deux pensionnels que luy faisoint Jean Reinaud et Antoine Tardive mariés, » pour le prix de 8 florins. Ymbaud tenait encore la cure en 1489 (1).

En 1497, le revenu total de celle-ci était de 30 florins. Le curé était seul sujet à la visite et à la procuration, et la cure était à la présentation du prieur. La paroisse avait une centaine de feux. Nous avons indiqué plus haut quelles étaient alors les chapelles, et dit que le curé avait une part dans les droits et le service attachés à plusieurs d'entre elles (2).

Après un acte d'investiture suivie de reconnaissance du 13 février 1498, par Louis Bourne de Choranche, envers la cure du Pont, viennent la fondation d'Eynard Poudrel dont nous avons parlé et à laquelle le curé, Pierre de Turron, souscrivit le 4 avril 1500, comme le prieur et les religieux, et les reconnaissances faites à la cure par Guy et Guillaume Guiboud, de Prêles, le 13 décembre 1505, de 3 quartes de froment, par Claude Guilphayn, du Pont, le 13 février 1520, et par Claudia Bachasson et Jourdan Guilphayn, le 11 novembre 1552, de 3 quartes 1/2 de froment (3).

Après Jacques Sibeud pourvu de la cure en 1521, par l'évêque de Grenoble, sur la présentation du prieur, on voit le curé Pierre de Turron se joindre à un autre séculier et aux religieux du prieuré, le 5 novembre 1537, pour charger Jean Macaire-Bimat de l'exaction

(1) Arch. et fonds cit., *passim*.
(2) MARION, op. cit., p. 360.
(3) Arch. et fonds cit., notes de 1556.

des revenus de tous. De plus, une procuration pour exiger ceux-ci, fut passée au même, le 2 décembre 1542, par les 3 religieux, le curé de Turron et deux autres séculiers du lieu ; et d'après cet acte le procureur doit livrer 33 florins au sacristain, et 26 flor. à chacun des 5 autres religieux et prêtres. Du reste, la cure donnée par l'évêque de Grenoble à Jean de la Grange, le 24 mars 1546, sur la présentation du prieur, ne tarda pas à passer aux réguliers. Le 10 juin de la même année, un bref du pape la donnait à frère Jean Villars, chanoine de St-Antoine ; et en 1549 le notaire Claude Pibères rédigeait un livre de 16 feuillets contenant des reconnaissances en faveur de cette cure, et commençant par ces mots : *Recog^ens pour vénérable homme frère Jehan Villaris, prebtre, curé moderne de la cure de Pont de Royans.* »

Jean Villard était agent des Antonins au Pont pour des affaires du prieuré. En 1556, il était encore curé, et confiait, au nom des religieux de St-Antoine, une pièce importante à Me Berthon Chaix, du Pont. En 1556, il faisait une désignation, que nous avons, des actes ou reconnaissances intéressant sa cure. En 1561, le 24 février, il albergeait une vigne et un petit pré situés à la Boutarière, sous cense de 4 florins petite monnaie, à Jeanne Malsang et Isabelle Guiboud. Le 28 mai de la même année, il recevait, au nom du couvent de St-Antoine, la reconnaissance, faite par le curé de Châtelus, de la pension due par la cure de celui-ci au prieuré du Pont.

Mais un acte du 26 septembre de la même année nous apprend qu'il avait offert de résigner sa cure, en se réservant sur les revenus de celle-ci une pension de 6 liv. tournois par an jusqu'à la fin de sa vie. Ledit jour, frère Mathieu Bergier, prêtre, chanoine régulier de St-Antoine, voulant demander à Rome lad. cure aux conditions posées par Jean Villars, passait procuration pour ce à ceux qui devaient gérer l'affaire. L'acte porte que le bénéfice était *cure* soit *vicairie perpétuelle* et que le Pont était *ville murée* (*cura seu vicaria perpetua ecclesie parrochialis Sti Petri ville murate Pontis in Royanis*). Le tout fut accepté par Rome, et le 19 janvier 1562 frère Mathieu Bergier, curé du Pont, reconnaissait tenir du fief et de la directe *seigneuriale* du couvent de St-Antoine, à raison du prieuré dud. Pont, uni à la mense conventuelle, la maison curiale dont nous avons parlé, sous la cense de 3 den. avec le plait accoutumé.

Ce religieux curé paraît encore dans un acte du 7 mars 1564, par lequel, de concert avec François Rey, curé de Châtelus, il arrenta, des religieux de St-Antoine, les revenus du prieuré du Pont pour l'espace de 3 ans (1).

Tous ces actes font suffisamment voir que la règle était en souffrance dans l'ordre de St-Antoine, au Pont du moins, vers le milieu du XVIᵉ siècle. Surtout pour ce qui regarde la propriété, on ne distinguait presque plus les religieux des séculiers.

Mais bientôt ces religieux, d'ailleurs fort convenables, sont obligés de fuir devant la tempête dont nous avons parlé, et la population, privée de ses pasteurs légitimes, se jette en partie dans le protestantisme. Du reste, la présence du pasteur Denis d'Hérieu et l'exemple de quelques familles importantes du lieu qui embrassèrent l'hérésie de bonne heure (2), se joignent à la longue domination des chefs huguenots dans le bourg, pour nous expliquer la lamentable défection de cette population.

En cet état de choses, quand l'édit de Nantes vint en 1598 accorder aux protestants le libre exercice de leur culte et l'admission aux fonctions publiques, ceux-ci sortirent joyeux de leurs cachettes demi-obscures et se hâtèrent d'élever un temple. Il fut construit dans le quartier du *Bourg*. Sur le portail du nouvel édifice on lisait cette inscription : *Venez, montez en la maison de Jacob, il vous enseignera ses voies. F. l'an MDCI*. L'édification de ce temple et la création d'un consistoire font présumer que les huguenots étaient nombreux à Pont-en-Royans. Leurs ministres y siégeaient depuis plus de trente ans, et en avaient fait un centre de propagande calviniste.

A Denis d'Hérieu, encore au poste en 1607, avait succédé dès 1608 un ministre de sa famille, Isaac d'Hérieu, qui remplissait encore ses fonctions au Pont en 1637, et sous lequel le protestantisme continua à y dominer (3). Une preuve certaine de ceci est dans un synode qui choisit précisément le Pont pour se réunir, et qui dut être considérable, puisqu'il y eut des pasteurs et des anciens de localités éloignées, P. Guyon et Bouveyron, de Dieulefit ; Mogius et Jayet, de Vinsobres, par exemple. Ce synode, qui eut lieu en 1614, fut d'ailleurs bientôt suivi d'une réunion célèbre.

En 1622, plus de 80 ministres appartenant à diverses églises réfor-

---

(1) Arch. et fonds cit., *passim*.

(2) *Notice hist. sur la fam. Terrot*, pp. 10-3 et 89-94 ; — ACCARIAS, *Not. sur les Chalret*, pp. 4 et 55.

(3) Arch. et fonds cit. ; — Florimond de ROEMOND, *Hist. de l'hérésie*, t. II, p. 334-31 ; — VINCENT, op. cit., p. 95 ; — *Bullet.* cit., III, 402 ; V, 112 ; VIII, 388 : — *Notice... Terrot*, p. 23-4.

mées du Dauphiné, entre autres François Murat, pasteur de Grenoble, se réunissent à Pont-en-Royans pour délibérer sur quelques points de leur doctrine, et travailler au triomphe de leur parti : les concessions de Henri IV leur paraissaient insuffisantes, et, dans le but de les agrandir, ils avaient pris les armes en plusieurs lieux de Dauphiné. Le procès-verbal de ce consistoire est conservé à la bibliothèque de Grenoble ; il renferme des conclusions dignes de remarque ; quelques-unes tendaient à proscrire sévèrement tout ce qui aurait pu amener un rapprochement ou une fusion avec les catholiques. C'est ainsi qu'on flétrissait d'une censure publique les parents qui confieraient l'éducation de leurs enfants à des instituteurs catholiques, ou les marieraient à des catholiques.

Ce rendez-vous des apôtres de la réforme, les questions qu'on y traita, prouvent l'effervescence qui régnait encore dans les esprits, et ne pouvaient que faire craindre de nouvelles discordes et des luttes sanglantes. Ce fut apparemment ce qui porta Jacques Terrot, consul du Pont, à charger, en 1622, Blaise Derbier, charpentier à Iseron, et Mathieu Charbonnier-Billard, charpentier aud. Pont, « de faire et parfaire quatre couverts aux quatre portes dud. Pont, savoir deux assises au Breuil, une sur le pont et l'autre au bourg supérieur, ensemble faire le portail d'aix du pignon de lad. porte du bourg, » besogne qui devait être finie dans les trois mois, au prix de 150 livres. Et quoi de plus significatif que l'état des feux assignés, vers la même époque, par le maréchal de Créquy, duc de Lesdiguères, à l'entretien des 20 hommes de garde placés dans le château de Pont-en-Royans : Saint-Nazaire 3 feux ; Oriol, 2 ; Hostun, 8 ; etc. (1) ? Du reste, « soit à raison de son importance, soit pour des raisons politiques que la présence des protestants rendait assez plausibles, Pont-en-Royans, depuis la fin du XVIᵉ siècle jusqu'au règne de Louis XVI, servit de résidence à un escadron de cavalerie ou à plusieurs compagnies d'infanterie. En 1664, les cavaliers de la compagnie du duc d'Orléans s'y trouvaient en permanence ; plus tard, c'était le régiment du comte de Tallard. Outre les gens de guerre, casernés probablement chez les habitants, le passage des troupes qu'on dirigeait sur Die, par le Pont et le Vercors, venait souvent accroître les charges de la communauté, et lui occasionner des

(1) VINCENT, op. cit., p. 95-6 ; — ROCHAS, *Biogr. du Dauph.*, II, 187 ; — *Notice... Terrot*, pp. 21, 77-9 et 101-2 ; — LACROIX, *Invent.* cit., C, 793 ; D, 53 et 70 ; E, 4985 ; *L'Arrondiss. de Montél.*, III, 154.

dépenses qu'elle ne pouvait supporter sans avoir recours à des expédients ruineux ; aussi faisait-elle de fréquentes démarches auprès de l'autorité pour éloigner d'elle cavaliers et fantassins. En 1747, bien que les raisons d'état eussent perdu de leur force et de leur valeur par l'affaiblissement du parti protestant, il y avait encore à Pont-en-Royans deux compagnies de dragons du régiment du roi et 80 chevaux à la charge des habitants. La municipalité, désireuse de mettre un terme aux sacrifices qu'elle s'imposait, député M. Tézier, châtelain du marquisat, pour obtenir leur déplacement. Son voyage à Grenoble eut pour résultat le départ d'une compagnie et celui de tous les chevaux (1).

Pour revenir aux protestants du Pont et à son synode, leur importance nous est indiquée par le registre des délibérations de l'académie protestante de Die de 1626 à 1668. On y voit que le Pont paye 18 livres pour les professeurs, quand Romans en paye autant, Châteaudouble 6, l'Albenc et St-Marcellin 12 chacun, Beaurepaire 15, etc. ; on y trouve les remontrances de Théodore de la Faye, ministre de Loriol, et de Pierre Saurin, pasteur de Nyons, *au nom du synode de Pont-en-Royans*, au sujet de quelques réformes à introduire dans l'académie (2).

Tout cela pouvait faire craindre un amoindrissement progressif des catholiques et de leur culte. Cependant ce malheur ne s'est pas réalisé. Au contraire, ce culte, d'abord opprimé par les protestants, put s'exercer dès 1598, sans pompe, sans l'éclat désirable, mais avec liberté. Puis, peu à peu, la grâce fécondant les efforts et le zèle prudent des RR. PP. Collet, Aubert, Carrat, Louis Darliac, et de leurs secondaires, la vérité et le véritable culte reconquirent une partie du terrain perdu et une prépondérance plus que légitime. M. l'abbé Vincent, sans fixer de date, affirme que « l'église, brûlée et détruite, fut remplacée par le modeste bâtiment que nous voyons aujourd'hui. » Incapables de fixer nous-même cette date, comme de contrôler le fait du remplacement de cette église, qui n'eut peut-être pas besoin d'être refaite en entier, nous serions étonnés que son relèvement eût été postérieur à l'administration pastorale du P. Louis Darliac, qui géra le prieuré de 1642 à 1655, et en qui de nombreux documents nous montrent un prêtre aussi intelligent que zélé pour le bien de la religion. En tous cas, les actes relatifs à la restauration

(1) Vincent, op. cit., 98-9.
(2) Lacroix, *Invent.* cit., D, 53.

du prieuré, laquelle était commencée en 1676, nous montrent l'église entièrement restaurée depuis déjà assez longtemps. Mais revenons aux œuvres spirituelles et à la lutte de la vérité contre l'hérésie.

Après le R. P. Darliac, l'œuvre avait été confiée au R. P. Symonet, et après celui-ci au R. P. Baborier. Or, sous celui-ci, dans le courant de l'année 1665, Pont-en-Royans présenta un aspect d'animation inaccoutumé. Les huguenots du Dauphiné, peu satisfaits d'un culte qui ne disait rien à leur esprit ni à leur cœur, revenaient chaque jour au giron de l'église. Les ministres, alarmés de ce mouvement, et voulant arrêter les désertions, proposèrent aux catholiques d'ouvrir à Pont-en-Royans des conférences où l'on traiterait des points controversés. Monseigneur Scarron, évêque de Grenoble, accepta le défi. A sa demande, Jean de Rasse, abbé de St-Antoine, envoya trois professeurs en théologie et cinq prédicateurs. Or, dans cette lutte célèbre, les religieux de St-Antoine soutinrent les vérités orthodoxes contre quatre-vingts ministres avec un tel succès, qu'un des prédicants, qui était fixé à St-Marcellin, et une multitude de huguenots abjurèrent leurs anciennes erreurs.

Le flambeau de la vérité n'avait pas lui en vain aux yeux des protestants du Pont ; on eut beau entretenir dans ce lieu un docteur en théologie protestante, Jean-François Faisan, qui y fut ministre de 1657 à 1667, le mouvement de retour au catholicisme continua à progresser. Charles Chion, successeur de Faisan, fut au Pont de 1668 à 1681 ; mais en 1672 et 1675 le poste était apparemment vacant, puisqu'on voit des protestants du lieu faire baptiser leurs enfants « par M. Chion, ministre de Saint-Marcellin. » Cependant on trouve ministres au Pont en 1677 André Chion, et en 1680 et 82 Cyrus Chion (1).

Nous ne savons auquel de ces Chion arriva la mésaventure ainsi racontée par M. Vincent : « Menacé de se voir sans troupeau, sans disciples, M. Chion, pasteur de Pont-en-Royans, crut devoir se livrer aux injures et aux calomnies, comme si tout cela était propre à servir sa cause. Les esprits sensés ne se méprirent pas sur les motifs de ses violentes récriminations ; c'étaient les derniers efforts, c'étaient les dernières convulsions d'un corps qui se mourait. La religion catholique, ses dogmes, ses fêtes, sa discipline, étaient

(1) Arch. de la Drôme, fonds cit.; — DASSY, op. cit., p. 307-8 ; — VINCENT, op. cit., p. 99-190 ; — Notice... Terrot, p. 32-6 et 115 ; — Bullet. cit., VIII, 388 ; — LACROIX, Invent. cit., C, 292.

sans cesse l'objet de ses attaques passionnées, de ses sorties haineuses, et servaient de texte à ses discours et à ses conversations.
La patience et la longanimité de ceux qu'il offensait lui étaient connues, et il s'en donnait à cœur joie. Mais un jour sa bile l'inspira
mal ; il s'avisa dans son prêche de mêler aux paroles saintes des
paroles outrageantes pour Louis XIV, ce roi si chatouilleux à l'endroit de l'honneur et de la gloire. Dénoncé pour ce fait, dont il comprenait toute la gravité, il fit imprimer un mémoire dans lequel, à
grand renfort de mots creux et vides de sens, il chercha à se justifier de l'accusation qui pesait sur lui, en donnant à ses paroles une
signification moins offensante et plus évangélique. A l'entendre, le
redouté monarque n'avait pas de serviteurs plus dévoués, plus soumis que lui et les siens (1). ·

Ce drame, dont nous ignorons l'issue, n'est pas le seul où aient
été impliqués les ministres du Pont. En avril 1677, André Chion
dépassait, paraît-il, les bornes laissées à son zèle par les décrets
royaux. Mais il y avait alors à la tête du prieuré un homme énergique et fermement résolu à user de tout moyen légitime pour empêcher la propagande de l'hérésie. C'était le R. P. Jacques Petichet.
Le Jeudi-Saint, 15 du mois susd., Chion faisait le catéchisme de sa
façon à un certain nombre de ses partisans dans la maison d'un de
ceux-ci, quand le P. Petichet y entre, accompagné d'un autre religieux, spécialement chargé des fonctions curiales, et du vichâtelain.
Des remontrances sont faites aux hérétiques réunis, surtout au
prédicant. Mais ceux-ci se gardèrent bien d'en tenir compte autrement que pour s'en plaindre et réclamer. Parmi les protestants du
Pont en était un auquel la position de sa famille et la sienne propre
donnaient une certaine considération. C'était Alexandre Chalvet,
sieur de la Jarjatte, petit-fils par sa mère et frère de conseillers à la
Chambre de l'Edit du Parlement, et frère de deux ministres protestants alors décédés. Il s'était établi au Pont vers 1656, par suite de
son mariage avec Alix Pourroy, de l'une des principales familles
calvinistes du lieu. Dans cette condition, Alexandre Chalvet avait
bien des titres aux caresses des ministres du Pont et au syndicat des
protestants du lieu. Il reçut de bonne heure ces caresses et ce syndicat. Aussi, trois jours après l'inattendue et désagréable visite du
P. Petichet aux protestants réunis, le sieur de la Jarjatte, syndic des

(1) VINCENT, op. cit., p. 100.

réformés du Pont, adresse à « Nosseigneurs du Parlement en
l'Edict, » une requête tendant à ce que défense fût faite aux prieur,
curé et tous autres, de troubler désormais le ministre dans ses
fonctions, sous peine de 500 livres d'amende, et des dépens, dommages et intérêts.

Le 20 avril, de Nicourt ordonne que la requête sera montrée au
P. Petichet, pour en avoir réponse, et être ensuite conclu selon justice.
Le 36 avril, ce Père répond par un long mémoire dans lequel il fait
observer ce qui suit.

Les protestants du Pont s'assemblent trop souvent, trop nombreux et en trop de maisons. « Le verbal que le lieutenant de chas-
tellenie » dressa « après les avoir surpris au nombre de plus de
quatre-vingt dans la maison de Daniel Macaire, le 15 apvril, »
prouve qu'ils s'assemblent trop nombreux ; ensuite, « ils sont con-
vaincus de s'estre assemblés plusieurs fois de jour et de nuict,
dedant et dehors du Pont, par les dispositions de plus de 26 témoins
cités et escoutés par le commissaire député par la Cour. »

C'est de nuit qu'ils se sont réunis le plus souvent et en plus grand
nombre. Ils ont souvent été jusqu'à 30 et le plus souvent jusqu'à 60
et 80. Chaque fois qu'ils se sont assemblés de nuit le dernier carême,
ils ont choisi l'heure où tous les catholiques étaient à « l'église pour
la bénédiction du st jubilé. » Ils mettaient dans leurs réunions un
secret et une dissimulation indiquant que leur but n'était pas la
préparation à la cène. Ils ont fait jusqu'ici un exercice de leur religion aussi public qu'en aucun lieu de France. Ils ont un temple
spacieux pour la petitesse du lieu, et l'ont fait subsister jusqu'à
présent, quoiqu'il soit bâti depuis l'édit de Nantes, comme prouve le
chiffre 1601 qu'il porte au frontispice, et qu'il ne soit pas éloigné de
13 toises de l'église paroissiale, distance requise par les règlements.

Cette proximité trouble les catholiques. Les réformés ont de leur
autorité élevé « leur cloche dessus du temple, » et la sonnent aux
heures et manière de celle de la paroisse, ce qui cause des mé-
prises.

Ils enterrent leurs morts dans un champ enlevé par eux à la
chapelle St-Claude quand ils étaient les maîtres.

Au civil, pas plus de modération. Le gouvernement de notre ville
est mi-parti. Mais, étant les plus aisés, ils ont outrepassé les limites
prescrites par les ordonnances, se sont rendus maîtres du conseil, et
ont pris pendant un temps des délibérations sans participation ou

consentement des catholiques . Ils ont chargé démesurément les
catholiques « dans les costes d'escart. » Leur « conduite insolente »
a fait donner au Pont « le nom de petite Genève. » Ils se sont emparés des papiers de la commune, ont acquis les protocoles des
notaires, font tout plein de quêtes, ramassent de l'argent pour quelque fin ténébreuse, etc.

Vu ces abus, le P. Petichet conclut à ce qu'on leur ôte leur temple,
qu'on refrène leurs menées, et qu'on les condamne à rendre le
champ de la chapelle St-Claude et à rebâtir celle-ci telle qu'ils l'a-
vaient trouvée. Quant au reproche d'avoir troublé les réformés le 15
avril, il n'est pas mérité. On n'a fait à ceux-ci ni « escandale » ni
injure ; on a seulement fait ce à quoi obligeaient leurs scandales,
d'eux ; on devait les « remonstrer » charitablement sur leurs contra-
ventions aux ordonnances de Sa Majesté.

Le 18 septembre 1677, la cour condamnait André Chion aux
dépens à rembourser au P. Petichet. Ajoutons incidemment que le
ministre paraît avoir été assez bien en finances ; car le 14 du même
mois il recevait des réformés du Pont, par les mains du syndic
Alexandre Chalvet, 800 livres « en pistolles d'Espagne escus blancs.»
Dans cette somme figuraient 358 livres 11 sols que « lad. eglize »
réformée lui devait pour prêt « faict à icelle pour les bastimens de la
maison d'ycelle eglize, » et 315 liv. que lad. église lui devait par
compte arrêté. Le surplus était à déduire sur ce que cette église
lui pouvait devoir « sur son estat. »

En 1680, nouveaux débats entre le clergé du Pont et les protestants. Le Père François Brenier, curé du lieu, avait adressé une
requête au baillage de St-Marcellin, et sur ce obtenu le 21 août de
lad. année, de « Mons. Dorsal, assesseur aud. baillage, un décret à
l'encontre de « Monsr Me Cyrus Chion, alors ministre, de Monsr
Me Jean Pourroy, s^r de Brenières, advocat en la cour, des sieurs
Léonard Macaire, Michel Rolland, et d'autres. Mais, les assignations
ayant été données, Alexandre Chalvet, syndic, fit déclarer au P.
Brenier qu'au nom de tous les susnommés et consorts, il appelle de
ce décret pardevant la cour de Dauphiné, si le P. Brenier persiste
dans ses poursuites. Cette déclaration fut signifiée au Père, en la
personne « d'un sien vallet nommé Anthoine, » le 3 septembre
1680 (1).

Ce décret, dont nous ignorons l'objet, allait en tout cas être suivi

(1) Arch. et fonds cit. ; — ACCARIAS, op. cit., *passim*

de près par un autre acte du pouvoir bien autrement grave. En 1681, un arrêt du Conseil interdit l'exercice du culte réformé au Pont, et prescrivit la démolition du temple. Suivant un récit du temps, il fut fermé le 10 octobre, par le P. Brenier, supérieur des Antonins et toujours curé de la ville de Pont-en-Royans, et deux jours après eut lieu une procession générale, à laquelle « officiait messire de la Jasse, abbé et supérieur général de l'ordre de Saint-Antoine, accompagné du grand· prieur, des définiteurs et des religieux de son abbaye. » Le marquis de Sassenage, seigneur du Pont, y assistait avec plusieurs autres gentilhommes et une foule de peuple « incroyable. »

Les religionnaires s'émurent et tentèrent toutes les démarches possibles pour obtenir le retrait d'une mesure qui les frappait au vif. Alexandre Chalvet, que sa qualité de syndic désignait tout naturellement, fut choisi avec trois autres notables : Jacques Terrot, Jean Bellier, avocat au parlement, et Laurent Champel, ancien notaire, pour s'occuper de cette affaire. Bellier et Chion, ministre du Pont, firent à ce sujet le voyage de Paris ; mais toutes les démarches restèrent sans résultat, et l'arrêt fut maintenu. Dès lors, la situation des protestants du Pont fut des plus critiques, et Cyrus Chion, que nous ne voyons plus au Pont après 1682, ne crut avoir rien de mieux à faire pour exercer son humeur impétueuse, que d'aller en 1680 commander les Vaudois du Piémont, sous les ordres du fameux Henri Arnaud (2).

Cependant un coup encore plus terrible allait frapper les protestants. L'esprit de mutinerie inhérent à ces sectaires, tenait les provinces méridionales de la France dans une irritation continuelle ; des conspirations s'organisaient ; les habitants des Cévennes, du Vivarais et du Dauphiné s'armaient, se fortifiaient dans des châteaux et détruisaient les églises. Louis XIV, qui ne voyait pas seulement en eux des dissidents en religion, mais encore des rebelles, de mauvais citoyens, voulut en finir avec les huguenots et signa la révocation de l'édit de Nantes. L'ordonnance révocatrice, datée du 18 octobre 1685, enjoignait aux ministres de la Réforme qui refuseraient de se convertir, de sortir du royaume dans les 15 jours de sa publication. Tous les temples devaient être rasés, et il était défendu aux religionnaires «de s'assembler, pour faire l'exercice de leur religion, en aucun lieu ou

_____

(2) ROCHAS, _Biogr. du Dauph._ I, 39-40 ; — _Notice... Terrot_, p. 38 ; — ACCARIAS, op. cit., p. 56.

maison particulière, sous quelque prétexte que ce pût être. » A cette
condition seulement ils pouvaient continuer leur commerce et jouir
de leurs biens sans être troublés ni empêchés.

A cet orage, beaucoup de réformés renoncèrent sans difficulté à
un culte inconnu de leurs aïeux. Pont-en-Royans fut témoin, dans
la seule année 1685, de 223 actes d'abjuration. Quelques religionnaires, alarmés des entraves qu'on mettait à la liberté de leur cons-
cience, allèrent à Genève, à Lausanne ou ailleurs. D'autres, mais en
petit nombre, restèrent au Pont, gardant leur croyance, la prati-
quant paisiblement à l'ombre du foyer. Quant au temple, sa démolition, ajournée quelque temps, fut faite en 1688 par des ouvriers de
St-Marcellin, ceux du Pont n'ayant pas voulu s'en charger (1). Il
n'en reste plus rien aujourd'hui ; mais le nom porté par le lieu qu'il
occupait, est là pour attester que jadis il y eut au Pont l'autel des
révoltés, à quelque pas seulement du véritable autel de Jésus-Christ.

Les protestants s'étaient créé au Pont, comme ailleurs, une position exceptionnelle ; leurs ministres tenaient des actes de naissance
et de décès; ils avaient un cimetière particulier, ainsi qu'un bureau
de charité. Par la révocation de l'édit de Nantes, leur existence
officielle fut brisée ; puis, peu à peu toute dissidence disparut, pour
faire place à l'unité civile et religieuse et à la fusion des cœurs.

Après ces mesures, inspirées d'ailleurs au grand roi par des motifs
plus politiques que religieux, la population du Pont, évaluée à 270
ménages dans un document officiel rédigé vers 1687 (2), offrait au
zèle du curé et des autres religieux antonins du Pont, un champ
intéressant mais difficile. Les échos qui nous sont parvenus de leurs
efforts pour amener à la foi catholique les âmes encore infectées du
venin de l'hérésie, nous disent assez qu'ils furent admirables de piété
et de zèle.

Dès 1697 la paroisse était régie par le prieur même, Antoine Truchet. Ce vénérable religieux avait une église en assez bon état et
munie d'ornements. Nous avons surtout remarqué dans un inventaire
de 1697 : « un grand soleil d'argent cizelé ; un ciboire d'argent doré
et cizelé, » et 2 autres calices d'argent avec leurs patènes ; des boîtes
d'argent pour l'huile des infirmes, pour celle des catéchumènes et
pour le saint Chrème; une cuiller d'argent pour baptiser ; 2 chasses

(1) VINCENT, op. cit., 100-1 ; — Not... Terrot, p. 40 ; — ACCARIAS, op. cit.,
p. 56-7.
(2) VINCENT, op. cit., p. 101 ; — LACROIX, Invent. cit., C 925.

en bois doré où il y avait « plusieurs S^{tes} Reliques » ; 1 « reliquaire d'arquemie » contenant des Reliques ; 1 bannière ayant d'un côté la Ste-Vierge et de l'autre St-Pierre ; 3 pierres sacrées ; 1 tabernacle au maître autel ; 1 « grand tableau de 18 pieds » de haut et représentant un « crucifix et Notre-Dame des Douleurs, St-Pierre, St-Jean et St-Antoine, qui » était « au maître autrel ; » 2 « tableaux du Sauveur et de la Ste-Vierge à cadres dorés; deux autres tableaux de la mesme grandeur et qualité à cadres noirs ; un tableau de St-Joseph de six pieds ; » 1 autre tableau de 6 pieds représentant la descente de la croix.

Antoine Truchet s'occupait avec soin de distribuer aux pauvres les secours légués par des particuliers ou prélevés sur le bénéfice du lieu en leur faveur, comme on le voit par des actes de 1699 et des années suivantes.

Après Truchet, qui disparaît du Pont en 1705, on voit un de ses successeurs, parmi lesquels était en 1726 et en 1728 le R. P. Gratas, faire donner au Pont, par le célèbre P. Vigne, une mission importante. Le 16 juin 1731, l'évêque de Grenoble accordait à ce grand missionnaire, converti du protestantisme, des pouvoirs « pour faire la mission de Pont-en-Royans pendant trois mois, et pour recevoir les abjurations des *nouveaux convertis*. »

Malgré le bien que fit cette mission, le curé du Pont eut le regret de voir rester loin du bercail quelques endurcis, bien rares il est vrai. Parmi ces victimes de l'hérésie calviniste était une dame, d'ailleurs d'un grand mérite, à laquelle le zèle sacerdotal procura les meilleures exhortations et les plus salutaires avis, et qui cependant mourut protestante le 30 mai 1747, et fut enterrée dans son jardin, près de la rue de *Portagnès* (1).

Au clocher étaient alors plusieurs cloches, car le budget communal de 1740, à côté de 6 livres pour le cierge pascal, porte 12 livres pour *deux* sonneurs de cloche.

Nous ne connaissons aucun évènement extraordinaire pour le temps de Jean-Nicolas Baverel, curé du Pont en 1749 et 1750 (2), à moins qu'il ne fût encore au poste en 1761, époque vers laquelle l'administration locale publia un arrêt qu'il y a lieu de signaler.

Jadis, on le sait, beaucoup de personnes étaient ensevelies à l'om-

___
(1) Arch. et fonds cit. ; — *Notice... Terrot*, pp. 46-9, 59-60 et 125 ; — VEYRENC, *Vie du P. Vigne*, pp. 43, 119 et 397.

(2) Minutes de Me Combe, reg. div. ; — VINCENT, op. cit., p. 106-7.

7

bre des autels, dans l'église même où elles avaient prié et adoré.
Les plus précieux avantages résultaient de cet usage, où il n'y avait
rien que d'édifiant et de religieux. Mais parfois le nombre des personnes qui voulaient être ensevelies dans l'église n'était pas en rapport avec l'étendue et les proportions étroites du lieu saint. La municipalité du Pont, s'inspirant des exigences de la salubrité publique
et peut-être aussi des doctrines d'une philosophie anti-chrétienne,
défendit toute inhumation dans l'église du lieu. Cependant, pour ne
pas froisser trop vivement les habitants, qui s'obstinaient, malgré les
ordonnances, à vouloir prier sur la tombe des morts, elle autorisa
encore de nouvelles sépultures, moyennant toutefois un impôt de 48
francs : « elle acquit aussi hors de la ville un emplacement pour en
faire un cimetière (1761). Mais l'ancien, qui s'étendait devant l'église,
trouva de chaleureux défenseurs, lorsqu'on agita la question de son
abandon: des souvenirs de famille, la crainte de voir foulés aux pieds
les restes de ceux qu'on avait aimés, des affections qui prenaient
leurs racines dans le cœur, il fallait combattre ces sentiments, il
fallait les effacer ; ce n'était pas chose facile. Le temps, ce puissant
auxiliaire des révolutions, des changements, n'exerça ici qu'une
action bien faible et bien lente ; car au commencement de la Révolution, les propriétaires, les habitants de la campagne refusaient
d'amener leurs bestiaux aux marchés du Breuil : cette place publique
avait servi de cimetière en tout ou en partie, et était pour eux une
terre bénite, qu'ils ne voulaient pas profaner (1).

Encore régie par les religieux antonins en 1774, date où le R. P.
Fraisse était prieur et curé du Pont, la cure subit une modification
importante à l'occasion de l'union de l'ordre de St-Antoine à celui
de Malte, consommée en 1775. L'acte de cette union portait que le
patronage des bénéfices antoniens appartiendrait aux évêques de
leurs bénéfices respectifs. Aussi, après frère Philibert Fraisse, encore curé du Pont en 1778, la cure passa à Etienne Chalvet, prêtre
séculier, à qui, ainsi qu'à son vicaire, les religieux décimateurs assu-
raient un traitement convenable, sans s'immiscer dans l'administration ni dans la juridiction spirituelle de la paroisse.

Comme l'ordre de Malte refusait de fournir pour logement à M.
Chalvet les vastes bâtiments du prieuré dont on pouvait tirer un

---

(1) VINCENT, op. cit., p. 114-6. — Le nouveau cimetière, situé en dehors et au
couchant de la ville, a été abandonné à son tour, vers 1860, pour faire place à
l'actuel, situé au pied de l'*Esserenne*, vers la limite du territoire de Saint-André.

revenu sérieux en l'affermant, le curé obtint du Parlement en 1782 une ordonnance lui donnant recours sur la commune. Celle-ci réclama contre Malte, et de là un procès qui aboutit à la cession par cet ordre d'une vieille maison dépendante de son enclos et pour la restauration de laquelle la commune donna 2,000 livres. En septembre 1790, les parties se renvoyaient encore l'honneur de payer les frais de procédures.

Il paraît que M. Chalvet traversa bravement les orages de la Révolution. Lui ou un autre prêtre du même nom était curé du Pont en 1797 (1). Mais indiquons, surtout d'après M. Vincent, quelques faits de cette période malheureuse.

Aux cris de *patrie* et d'*indépendance* jetés de toute part en 1789, la population de Pont-en-Royans répondit en créant une garde nationale composée de quatre compagnies et dirigée par des hommes importants. « Parmi les officiers supérieurs de la nouvelle milice, on remarquait M. Bellier, trésorier de France, seigneur de Prêles et de Champeverse, colonel ; M. Pierre-Joseph Thézier, lieutenant-colonel, et M. Jean-Jacques Terrot de la Valette, ancien lieutenant-général d'artillerie, major. Un corps de garde fut établi près de chaque porte » de la ville.

« En 1790, les gardes nationaux envoyèrent à Saint-Marcelin une députation nombreuse, qui assista, le 2 février, à la fête de la fédération, et jura en leur nom qu'ils sauraient mourir pour le roi et la Constitution.

« Le 7 septembre de la même année eut lieu dans l'église paroissiale une cérémonie où les Pontois manifestèrent ce qu'il y avait d'ardent, de généreux et de sympathique dans leurs sentiments. » Ayant appris la mort d'un corps considérable de gardes nationaux sous les murs de Nancy, ils firent célébrer un service solennel pour le repos de leurs âmes. M. Lagier de Vaugelas, vicaire-général de Die, fut chargé de l'oraison funèbre, et s'en acquitta avec un talent remarquable ; » ses paroles, religieusement écoutées, émurent tous les cœurs et réveillèrent l'amour sacré de la patrie. La municipalité reconnaissante vota des remercîments à l'orateur, et le pria de lui remettre une copie de son discours, pour qu'il fût conservé dans les archives de la ville. »

Jusque-là tout était bien ; mais, hélas ! des scènes d'un autre genre devaient écœurer tous ceux que n'enivrait pas cet amour de

(1) Arch. diverses ; — VINCENT, op. cit.. p. 116.

la nouveauté que César avait surtout remarqué dans notre chère patrie. Sans trop nous arrêter à ces *assemblées primaires*, et à ces élections qui, malgré leur caractère essentiellement profane, avaient lieu tantôt dans l'église paroissiale, tantôt dans la chapelle des Pénitents, passons à ce décret inique de l'Assemblée nationale qui condamnait au feu nos monuments écrits. A Pont-en-Royans, les fervents *patriotes* se chargèrent de son exécution. Tous les papiers des archives ayant trait à la féodalité et aux ordres de St-Antoine et de Malte, furent amoncelés sur un bûcher dressé sur la place du Bas-Breuil, dite alors la Place d'armes, et brûlés en présence des officiers municipaux. Cet acte de vandalisme n'était d'ailleurs que le prélude d'autres actes plus stupides et non moins déplorables.

Après avoir poursuivi et immolé les ministres de la religion, les démagogues français décidèrent l'anéantissement du christianisme même. Le 10 novembre 1793, un décret annonçait que la religion catholique était abolie et remplacée par le culte de la *Raison*. Une des premières conséquences de cette abolition était le dépouillement des églises, qui, devenues temples décadaires, ne devaient offrir aux regards rien de ce qui peut frapper les sens. Au Pont, le beffroi contenait 4 cloches. La plus pesante était de 282 livres ; la seconde, de 198 ; la troisième, de 169. On enleva ces trois, sous prétexte d'en faire hommage à la patrie ; on ne laissa que la plus petite.

Le 9 nivose de l'an 2 (29 décembre 1793), pour célébrer la prise de Toulon sur les Anglais, les Pontois assistent à un banquet dit *fraternel*, mettent le feu à quelques méchants fagots, puis entonnent la *Marseillaise* et quelques hymnes patriotiques. Une illumination obligée termina la soirée.

Une réunion d'ardents patriotes, connue sous le nom de *Société populaire*, tenait ses séances dans l'église du Pont, transformée en temple de la Raison, le 21 ventose de l'an 2 (11 mars 1794). Inutile d'ajouter que là se voyaient pour tous ornements une tribune d'où tombaient des harangues passionnées, et un autel où montait, aux fêtes sans-culotides, une femme vêtue du bonnet phrygien. D'ailleurs, pour tout changer, même les noms les moins religieux et les moins féodaux, Pont-en-Royans devint et resta plusieurs mois *Pont-sur-Bourne*.

Cependant, tout sentiment noble et généreux n'était pas éteint dans l'âme de ses habitants. En 1794, le département de l'Isère ayant offert à la république un vaisseau tout équipé, ils y contri-

buèrent pour la somme de 862 francs ; c'était beaucoup. Là ne s'arrêta pas leur zèle : comme les soldats de l'Etat manquaient de
chaussures, ils en firent confectionner un très grand nombre ; on les
fabriquait avec une activité qui témoignait de l'empressement des
ouvriers, et on les apportait à la commune au retour de chaque dé-
cade. Jusque-là tout était bien. Mais le mieux devint l'ennemi du
bien. La tendance de quelques Pontois à une perfectibilité outrée
amena un curieux combat. Pendant que leurs frères se battaient
en héros dans les plaines de l'Italie, eux se prirent à disputer sur la
forme que devaient avoir les souliers destinés aux soldats républi-
cains ; les uns les voulaient ronds, les autres les voulaient carrés.
Cette querelle eut pourtant une solution pacifique, grâce aux con-
quêtes des armées françaises. Nos braves trouvant dans les capitales
de l'Europe assez de bottiers pour les chausser, la générosité et la
discussion de ceux de Pont-sur-Bourne perdirent leur raison
d'être (1).

Pendant ce temps, où était le clergé du Pont ? Nous en savons
seulement ceci. Au commencement de 1795, le culte public était
aboli au Pont ; mais un prêtre courageux et zélé, l'abbé Célestin, y
fit bientôt quelques fonctions saintes en secret. Ainsi il y était, caché
chez les sœurs Fontaine, quand l'auteur de la *Notice sur la famille
Terrot*, né le 20 mars 1795, fut baptisé par lui, le 4 juillet suivant (2).
En 1797 la tempête eut des moments de calme ; en février de cette
année « Monsieur le curé Chalvet, du Pont-en-Royans », fit audit
lieu les publications d'un mariage que M. Darène bénit en règle à
Echevis, le 27 dudit mois (3).

Au retour définitif de l'ordre, le Pont, quoique amoindri, conservait cependant quelque chose de sa supériorité sur les communes
voisines. Il était chef-lieu d'un canton composé des communes de
Choranche, de Prêles, de Rencurel, de Châtelus, d'Auberives, de
Saint-Just-de-Claix, de Saint-André, de Saint-Roman, de Beauvoir,
d'Iseron et de Saint-Pierre-de-Cherènes. Au point de vue ecclésias-
tique, il était desservi par un curé de seconde classe, auquel ont été
ordinairement confiées depuis la dignité et les fonctions d'archiprêtre
de tout le canton.

Parmi les ecclésiastiques qui ont occupé le poste, nous connais-

(1) Vincent, op. cit., p. 118-24.
(2) *Notice* cit., p. 66.
(3) Arch. de l'église d'Echevis, *reg. de catholicité*.

sons MM. Gélinot, Juvenet, Boyoud (devenu en 1859 curé-archiprêtre de Morestel), Garcin, et (depuis 1864) Seymat, curé actuel.

: Grâce à l'intelligence et au zèle pieux de ce dernier, l'église du
Pont, sans avoir les proportions ni la beauté d'un monument archi-
tectural, est du moins propre, bien tenue et pourvue d'ornements et
de vases sacrés fort convenables. Elle se compose d'une nef principale, terminée au levant par un chœur ou sanctuaire rectangulaire,
et d'une petite nef ou suite de chapelles communiquant les unes
avec les autres dans toute la longueur et au nord de la nef principale. Le tout reçoit le jour par une série de fenêtres percées dans le
mur méridional.

La population qui n'a guère varié depuis le XVIIIe siècle, se compose seulement de 1100 âmes ; mais tous y sont catholiques ; une
seule famille y pratiquait naguère le culte protestant, elle s'est éteinte
depuis une vingtaine d'années.

V. Chapelles extérieures.

Outre les chapelles établies dans l'intérieur de l'église et dont
nous avons parlé, on trouvait encore au Pont celles de Sainte-Anne,
de la Ste-Vierge, de Notre-Dame de Grâce, de Saint-Claude et
des Pénitents. Voici nos renseignements sur chacune d'elles.

Sainte-Anne. — Dotée par Guigues Cogne, curé de Saint-André,
elle avait en 1484 Jean Cogne pour chapelain. Le 7 mai de cette
année, Jeanne Chaléon y fondait un anniversaire avec pension annuelle d'un florin, au cas où Guillaume Chaléon, son frère, ne fon-
derait pas la chapelle par lui projetée. Puis, en 1497 nous trouvons
Sainte-Anne à la présentation des héritiers de Guigues Cogne son
fondateur.

Les biens dont elle fut dotée lui restaient encore après les guerres du
XVIe siècle, du moins en partie ; car en 1625 le « terrier de Chaléon »
portait « la maison de la chapelle Sainte-Anne, » alors possédée par
Claude et Jean Cogne. Dès 1678 elle était desservie, simultané-
ment avec celle de Saint-Claude, par les Antonins, qui retiraient à ce
titre, de toutes ensemble, la somme annuelle de 38 livres 19 sous,
somme portée à 39 livres l'année suivante. Mais on lit dans un *Etat
de la maison de St-Antoine du Pont*, de mai 1717 : « Il y a dans les
états précédents 32 livres énoncées pour messes de fondations des
chapelles de Ste-Anne et St-Claude, auxquelles nous ne satisfaisons
plus, parce que M. Chaléon, qui en est recteur, n'a pas voulu enten-

dre à faire faire les réparations nécessaires dans la chapelle de Ste-
Anne, où il manque une vitre et l'autel n'est pas décent pour y pouvoir célébrer. Mgr l'Evêque de Grenoble, faisant sa visite en avril
1715, aïant deffendu de célébrer la Ste-Messe dans la susdite chapelle de Ste-Anne, si M. Chaléon n'y faisoit faire les réparations nécessaires, » M. Chaléon en a été averti, mais « il a répondu qu'il satis-
feroit luy-même auxdites messes. » Du reste, M. Chaléon « ne
payoit que 6 sols de rétribution par messe, et souvent nous tirons »
6 sols 6 den. et même 7 sols pour d'autres messes (1).

La Sainte-Vierge. — Il y avait dans le château du Pont (*infra
castrum dicti loci*) une chapelle dédiée à la Sainte-Vierge (*beatæ
Mariæ*). Elle existait en 1497, comme le constate le grand pouillé du
diocèse de Grenoble, mais était alors dépourvue de dotation et de
recteur (2). Elle dut périr pendant les guerres du XVIᵉ siècle.

Notre-Dame de Grâce. — Apparemment distincte de la précéden-
te, cette chapelle, élevée au quartier de Villeneuve (*Ville nove Pontis*), avait déjà été l'objet d'une fondation faite par Antoine Cybert et
était desservie par lui, en 1506. On y célébrait alors journellement la
sainte messe et d'autres divins offices. Etienne Déliquat dit Bronde,
habitant de Villeneuve, y fonda, le 1ᵉʳ décembre de ladite année,
pour le repos de son âme et de celles de ses parents et bienfaiteurs,
13 messes par an à perpétuité. Il constitua pour cela une pension
annuelle de 15 gros, hypothéquée sur sa maison de Villeneuve joignant le rocher de Barret au levant, et rachetable au capital de 25
florins petite monnaie.

Saint-Claude. — Cette chapelle, sous le vocable d'un saint invo-
qué contre la peste, doit peut-être son origine au fléau terrible qui
commençait en mai 1484 à sévir horriblement au Pont. En tout cas,
la chapellenie de Saint-Claude figure dans un acte de 1503 comme
donataire éventuelle d'une pension de 2 florins par an fondée par
Mathieu Chaléon, sacristain du Pont. Plus tard, en 1551, Mathieu
Chaléon, religieux de St-Antoine, prieur de Vassieux, habitant au
Pont, étant vieux et infirme, faisait son testament. Il y ordonnait
que, sitôt après son décès, on habillât son corps « selon l'estat et
qualité de la personne et l'ordre de ladite religion ; item plus, que,
avant que porter sondict corps à l'églize, » fût « dict le psautier par
les *religieux* du prieuré dud. Pont de Royans, ainsy » qu'il était de

(1) Arch. de la Dr., fonds de Ste-Croix ; — MARION, op. cit., p. 360.
(2) MARION, loc. cit

« coustume, » et qu'ensuite on donnât à chacun desd. religieux, avant le départ de la maison, 3 « sols tournois tous comptant. » Quant à sa sépulture, le testateur veut qu'elle se fasse « en la chapelle de St-Claude, par luy fondée vers la croix des Rameaux dud. Pont de Royans, audevant de l'autel, en la chambre qu'il a faict nouvellement fere. »

Cette chapelle et ses biens eurent beaucoup à souffrir de la part des huguenots, car en 1677 le prieur du Pont reprochait à ces derniers de s'être « emparés d'un champ qui appartenait à la chapelle de St-Claude, dont on voyait encore alors « les vestiges. » Le lieu en conservait encore le nom ; mais les huguenots s'en servaient « pour enterrer leurs morts, » en suite d'une permutation qu'ils en avaient faite, quand ils étaient maîtres au Pont, aveq une partie du cimetière de la paroisse où ils se enterroient. » Aussi le prieur demandait-il qu'on les obligeât à rendre le petit champ de St-Claude et à en rebâtir la chapelle telle qu'ils l'avaient trouvée.

Rien ne nous prouve que ce prieur ait obtenu ce qu'il demandait. Seulement, nous avons vu que de 1678 à 1715 M. Chaléon, patron de St-Claude comme de Ste-Anne, en faisait acquitter le service par les Antonins ; mais que depuis, ce M. Chaléon dit qu'il satisferait autrement aux messes dont se composait le service (1).

Chapelle des Pénitents. — Il y eut au Pont à partir de 1642 une confrérie de « Pénitents de l'ordre du St-Sacrement. » Antérieurement à 1675, cette confrérie eut sa chapelle particulière, ou se célébraient ses offices particuliers en 1676, 1679, et sans doute plus tard. Elle était située au-dessus de la place du Breuil, vers la salle de la justice de paix, c'est-à-dire à l'emplacement depuis longtemps occupé par la maison d'école (2).

VI. Confréries.

De toutes les confréries qui ont pu exister au Pont, nous ne connaissons que les suivantes :

Confrérie des Pénitents du Très-Saint-Sacrement. — « La confrérie des Pénitents, établie à Pont-en-Royans, depuis un temps immémorial, parvint, » dit M. l'abbé Vincent, « à se reconstituer en 1642 ; elle avait sa chapelle particulière, ses offices, ses revenus et son

(1) Arch. et fonds cit.
(2) Ibid. ; — Vincent, op. cit., p. 96-7 ; — Notice... Terrot, p. 15.

chapelain. La foi des Pontois qui n'avaient point embrassé l'hérésie se conservait vive et pure, et presque tous, aux jours de fête et de solennité, se revêtaient de l'habit du gonfalon. » Voici quelques détails sur cette confrérie, sur ses membres et sur son service.

Le 7 juin 1676, le Révérend Père Jacques Petichet, religieux de l'ordre de St-Antoine et prieur du prieuré du Pont, et le Rév. Père Guillaume Autin, aussi religieux dud. ordre « procureur et curé au couvent dud. prioré », firent la convention suivante avec « les sieurs Bonnet, recteur, et Gaspard Allemand, vice-recteur de la confrairie des confrères pœnitents de l'ordre du St Sacrement du Pont en Royans, » assistés des sieurs Léonard Bodoin, François Didier, Antoine Lamberton, Claude Buisson, Pierre Giroud, Jean Joannes, Jean Faure, Just Terrot, Pierre Albert, Pierre Jordan, Claude Garnier, Nicolas Michas, Pierre Michol, Claude Mathieu, Pierre Flater, Jean Jourdan, Pierre Terrot, Just Buisson, François Faure et plusieurs autres confrères. Lesd. prieur et procureur s'engagèrent à dire ou faire dire une messe tous les troisièmes dimanches de chaque mois, le Jeudi-Saint, et les jours de la Pentecôte et de la Fête-Dieu, dans la chapelle desd. Pénitents, et ce pendant trois ans ayant pris leur commencement aux Pâques dernières, moyennant la somme de 9 livres par an que payeraient lesd. confrères. L'acte fut fait dans la chapelle même de la confrérie.

Par suite, les *états du prieuré* de 1678 et 1679 portent parmi les revenus de la maison la somme annuelle de 8 livres (et non de 9), provenant des messes, c'est-à-dire du « service de la chapelle des Penitents. » Mais ce service était sans doute modifié au XVIIIe siècle, puisque les états de 1717 et années suivantes ne spécifient rien à son sujet.

Hélas ! s'écrie avec raison M. Vincent, pourquoi le spectacle consolant et édifiant de cette société « ne nous est-il plus donné aujourd'hui ? La confrérie n'existe plus ; cette institution si populaire et en si grand renom est tombée, comme tant d'autres, sous les coups de la révolution de 89, et rien n'est resté pour en perpétuer le souvenir » (1).

Confrérie du Saint-Rosaire. — Depuis déjà longtemps une confrérie a été organisée au Pont sous le vocable du Saint-Rosaire, en faveur des dames mariées ou veuves de la paroisse. Elle prospère et fait le bien aujourd'hui, grâce au zèle éclairé du curé actuel.

(1) VINCENT, op. cit., p. 96-7 ; — Arch. et fonds cit.

Confrérie de l'Immaculée-Conception. — Cette confrérie, fondée particulièrement pour les demoiselles de la paroisse, continue de son côté à étendre le règne bienfaisant de la dévotion à Marie dans les âmes, à sanctifier ses propres membres et à édifier le public.

VII. Institutions charitables.

Outre les aumônes privées et transitoires faites aux pauvres et indigents par le clergé et les habitants du Pont, il y a eu dans cette localité plusieurs institutions de bienfaisance auxquelles leur caractère de généralité ou de permanence donne un intérêt particulier. Nous connaissons les suivantes :

Maladrerie. — Les lépreux furent si nombreux en Dauphiné aux XIIIe, XIVe et XVe siècles, que la plupart des villes ou bourgs durent avoir à quelque distance un terrain destiné à leurs logements. Un inventaire des biens du prieuré nous apprend qu'en 1406 les Antonins avaient, entre autres fonds, une vigne d'environ 80 fessorées située *en la maladerie* et qu'ils possédaient en pur et franc alleu (1). C'est là une preuve que le Pont a eu sa maladrerie, et il est probable que les religieux contribuèrent principalement à la fourniture de l'emplacement.

Hôpital. — M. l'abbé Vincent donne ainsi l'origine de cet établissement : « La peste de 1485, en semant l'épouvante dans nos contrées, révéla tout ce qu'il y avait de noble, d'héroïque dans les sentiments d'amour et de fraternité qu'inspirait la religion en faveur de ceux que le mal avait frappés. Beaucoup de personnes, dont la charité se ravivait au souvenir de tant de douleurs non soulagées, au spectacle de tant de souffrances méconnues, léguèrent en cette année des sommes suffisantes pour acheter des maisons où l'on recevrait les malades et les nécessiteux. De là l'origine de plusieurs hôpitaux. La fondation de celui de Pont-en-Royans se rattache à cette époque. Il doit, lui aussi, son existence à une libéralité provoquée par la présence de la peste. Le nom de ses premiers bienfaiteurs n'est point parvenu jusqu'à nous (2). » Bien que l'honorable historien cite les archives du Pont comme source du récit qu'on vient de lire, nous doutons que pour un mal contagieux et transitoire comme la peste, ont ait établit dans l'intérieur du Pont un asile général devenu permanent. Quant à la date

(1) Arch. et fonds cit.
(2) VINCENT, op. cit., p. 103-4.

de l'érection, même incertitude. Voici tout ce que des renseignements positifs nous permettent d'affirmer.

Par suite de la révocation de l'édit de Nantes en 1685, « les revenus de l'hôpital ou bureau de charité des protestants » du Pont « et les biens du consistoire devaient être frappés par la proscription ; on les confisqua au profit de l'hôpital des catholiques, mais avec la charge de pourvoir aux besoins des pauvres et des nécessiteux calvinistes » (1).

Cette réunion, des legs et dons nombreux et une antiquité déjà considérable de l'établissement nous expliquent parfaitement comment ce dernier avait atteint dès 1692 le revenu annuel de 300 livres, que lui attribue un « dénombrement des hospitaux, maladeries,.. de Dauphiné », rédigé lad. année (2). Ce chiffre, du reste, est bien petit à côté de celui de 4,000 livres auquel s'élevaient en 1734 les revenus du même établissement. Bien plus, ceux-ci furent constamment augmentés par des legs et des donations. Il est vrai que les charges croissaient aussi.

Ces revenus « étaient régis soit par un syndic nommé conjointement par la municipalité et par le curé, soit encore par une administration dont le curé était membre-né (3). »

Quant à l'administration intérieure, on songeait vers janvier 1732 à la confier aux sœurs Valenconi, Laprat et Paule, qui habitaient alors le Pont-en-Royans. Mademoiselle Garant fit son testament en faveur de ces religieuses en qui nous sommes tentés de voir des religieuses du Très-Saint-Sacrement de Boucieu-le-Roi. En tout cas, on trouve aux archives de la Drôme un « Mémoire » rédigé vers 1779 « pour Françoise Bourne, femme Lagarde, contre le syndic de l'hôpital du Pont-en-Royans en revendication des biens de Marie et Catherine Baty, religieuses dudit hôpital, et en annulation du testament de Catherine, l'une d'elle (4). »

De cet établissement, emporté par l'orage révolutionnaire, la maison seule est restée debout, avec son titre aujourd'hui mensonger d'hôpital. Elle avoisine la place du Breuil (5).

Aumône et 24ᵉ de la dîme. — De tout temps l'Eglise a consacré

(1) Ibid., p. 102.
(2) Biblioth. de Grenoble, *mss. de Guy Allard*, t. VI, p. 439-49 ; — Arch. et fonds cit.
(3) VINCENT, op. cit., p. 104-5 ; — *Notice... Terrot*, p. 48-9.
(4) Arch. du monast. du Très-Saint-Sacrement de Romans, *mémoires* du P. Vigne. — Arch. de la Drôme, E, 224.
(5) VINCENT, op. cit., p. 105 ; — *Notice...Terrot*, p. 15.

une partie de ses revenus à secourir les pauvres. Chaque bénéficier avait à accomplir à ce sujet un devoir sacré. Quelques ordres cependant avaient été dispensés par Rome de ce devoir envers les pauvres des localités mêmes où étaient leurs bénéfices, afin de pouvoir mieux remplir les fonctions essentiellement hospitalières dont ils étaient chargés. De ce nombre était l'ordre de Saint-Antoine de Viennois. Néanmoins, les Antonins du Pont ne se dispensaient pas au XVIᵉ siècle de faire l'aumône régulière sur leurs revenus aux pauvres du lieu. Dans un arrentement des revenus prieuraux de ce même lieu, passé le 7 mars 1564, il est convenu, entre autres choses, que les « rentiers » satisferaient, à la décharge des « credicteurs, » aux charges ordinaires du prieuré. Or, parmi « les charges ordinaires accoutumées dudict prieuré du Pont, » avait été « de toute ancieneté » et était encore celle « de fere et donner une aulmonne de pain aulx pouvres dans ledict prieuré deuls foys chescune sepmaine de l'an, assavoir le dimanche et le jeudy. » Aussi les Antonins, ayant remarqué qu'on avait « obmis de fere ladicte aulmonne à la forme susdicte despuys quinze jours passés ou environ, se plaignirent, et le 19 décembre 1566, le bailli de Saint-Marcellin prescrivait que les « rentiers » ou leur caution eussent à continuer ladite aumône.

Le compte du prieuré pour 1673 mentionne 10 sétiers d'*écossial* donnés pour « l'aumosne chaque dimanche, à la porte, depuis la Toussaint jusque à Pasque. »

En 1678 et 1679, le prieuré payait aux pauvres du Pont la 24ᵉ de la dîme du lieu. Cette part, évaluée seulement à 9 livres en 1679, fut largement distribuée par le prieur lui-même le 24 décembre 1698, aux pauvres du Pont, en présence du châtelain Lagachetière et du consul Lamberton. En 1717 et 1728, elle était payée en grains et évaluée à 12 livres. Le 10 mars 1747, le « bureau, assemblé à l'extraordinaire, » procédait avec le syndic du prieuré au compte de la 24ᵉ due aux pauvres depuis 1740 inclusivement jusqu'à 1747 exclusivement ; et le syndic, débiteur de 100 livres, livrait immédiatement cette somme à Juste Faure, syndic des pauvres. En 1762, les Antonins du Pont, arguant de leurs privilèges et de leurs charges, refusaient la 24ᵉ, mais le syndic des pauvres faisait assigner celui du prieuré à se présenter chez le commissaire député du parlement. Il y a une lettre de Galland, abbé général de Saint-Antoine, du 3 juillet 1762, écrite à un procureur pour que celui-ci avisât à la chose. Mais en 1765 la question n'était pas encore définitivement tranchée. Les Antonins avaient continué à payer, mais sous réserve de se faire rembourser si leurs privilèges étaient rétablis (1). La Révolution devait quelques années plus tard abolir d'un seul coup et la 24ᵉ et la dîme elle-même.

Secours administratifs. — A des besoins extraordinaires, les châtelains et consuls du lieu répondaient par des mesures et des secours insolites. En 1650, une épidémie, éclatant au sein même de Pont-en-Royans, y semait l'effroi et décimait la population. Beaucoup d'habitants cherchant leur salut dans la fuite, Just Bertrand, châtelain du lieu, déploya tout le courage et le zèle que peuvent inspirer l'amour de la patrie et un dévouement intelligent. « Par ses ordres, la police s'organise, on nomme un capitaine de santé, dont la mission était de combattre le mal et de rassurer par de sages mesures un public justement alarmé ; une garde permanente veille nuit et jour aux portes de la ville, pour empêcher toute communication avec le dehors ; la porte du Bourg, que l'exiguïté des ressources avait laissée dans le délabrement et l'abandon, devint alors l'objet de la sollicitude du châtelain, et fut réparée en toute hâte. » Bien que ces barrières fussent impuissantes à arrêter la peste dans son cours, il y a lieu de louer ceux qui prirent contre celle-ci toutes les mesures en leur pouvoir.

« L'année 1724 fut marquée par un évènement qui, couvrant de ruines tout le quartier du Bourg, jeta l'épouvante et la consternation dans les autres parties de la ville. Quinze ou seize maisons s'écroulèrent sous la pression du terrain qui les dominait au levant. Les archives, en constatant cet affreux accident, ne nous disent pas le nombre des personnes qui périrent ensevelies toutes vivantes dans leurs propres demeures. Les conséquences d'un aussi effroyable sinistre furent terribles ; plusieurs familles, privées d'asile et réduites à une profonde misère, allaient errantes, demandant des secours et un abri hospitalier. La charité des Pontois répondit à l'appel du malheur et aux cris de la souffrance. »

La même cause produisit en 1748 un effet analogue. Toutefois on n'eut à déplorer que la perte de trois maisons.

L'année suivante, calamité d'un nouveau genre. « Les campagnes, inondées par des pluies abondantes, n'offraient aux yeux des laboureurs qu'un sol stérile et dépouillé. Une extrême disette se fit sentir à Saint-Marcellin, à Valence et aux environs. Pont-en-Royans eut beaucoup à souffrir, car il ne recueillait qu'un vingtième de sa consommation ordinaire. Les paroisses voisines, loin de pouvoir lui

(1) Arch. et fonds cit.

venir en aide, avaient à peine récolté l'équivalent des semences confiées à la terre. Sans attendre que le mal empirât, la municipalité décréta la fondation d'un magasin où, par les soins des deux consuls, furent déposés 1,200 quintaux de blé destiné à satisfaire les premiers besoins des habitants. » L'intendant de la province, non content d'autoriser une mesure si sage, l'encouragea en fournissant lui-même 50 sétiers de blé au nouveau grenier (1).

Bureau de bienfaisance. — Il est constitué depuis déjà longtemps. Ses recettes ordinaires étaient en 1871 de 1,209 fr.; son revenu annuel est actuellement de 1,650.

Société de bienfaisance mutuelle. — Sous la mairie de M. Marchand, en 1846, les ouvriers de Pont-en-Royans fondèrent une société de bienfaisance qui avait pour but de secourir ceux de ses membres qui seraient malades ou dans le besoin. La caisse était alimentée par les versements faits en entrant, par des versements mensuels et par les amendes dont étaient punis certains manquements au règlement. Ce règlement, distribué en 52 articles, fut adopté en assemblée générale le 6 septembre 1846, et approuvé par le Préfet de l'Isère le 28 du même mois. On le fit ensuite imprimer chez C. Bossan, imprimeur à Saint-Marcellin. Il forme une brochure de 12 pages in-12.

VIII. Institutions scolaires.

Les premières traces d'une école au Pont remontent au XVe siècle; elles nous sont fournies par un acte du 1er octobre 1428, intervenu entre le prieur et le curé du Pont et ayant pour objet les droits de l'un et de l'autre sur une maison située dans l'intérieur de la ville. Cette maison, dit l'acte, était attenante à la maison de maître Ismidon de Memor, maître d'école des frères, c'est-à-dire des religieux du lieu *(juxta domum magistri Middoni de Memore, magistri schole fratrum dicti loci)*, et le maître d'école figure lui-même comme témoin dans cet acte (2).

Au XVIe siècle, il y avait certainement au Pont une école de garçons. Quant aux protestants, voici des détails qui nous permettent d'entrevoir comment ils pourvoyaient à l'instruction de leurs enfants. Jacques Terrot, protestant influent du Pont, avait épousé le 1er février 1619 Marguerite Arnaud-Balmas, de Saint-Paul, et en

(1) Vincent, op. cit., pp. 97 et 112-3.
(2) Arch. et fonds cit.

avait eu 2 garçons et 3 filles, quand il mourut le 11 novembre 1628. Sa veuve mourut elle-même le 15 juin 1630. Une assemblée de parents décida d'adjoindre à Just Terrot, frère du défunt et désigné pour tuteur dans le testament de celui-ci, les sieurs Pierre Terrot et Arnaud-Balmas, pour surveiller sa gestion. Le jeune Étienne, aîné des garçons, âgé de 10 ans, fut confié à M. d'Hérieu, ministre protestant au Pont ; les trois filles furent confiées à Mme d'Hérieu, pour les *élever dans la vertu,* dit l'assemblée de parents ; le petit Jacques, qui n'avait que 2 ans à la mort de sa mère, fut emmené à Saint-Paul par son oncle Arnaud Balmas, qui le mit à l'école à Romans à 7 sous par mois (1).

En 1734, Catherine Baty, sans doute déjà religieuse de l'hôpital du Pont, annexa à celui-ci une école de filles. En 1776, voulant assurer à un plus grand nombre d'enfants les avantages de l'instruction, cette généreuse fille abandonna au même établissement la somme de 3,000 écus ; c'étaient les débris d'une fortune toute consacrée aux bonnes œuvres. D'après les clauses de son testament daté du 12 novembre, six garçons devaient être élevés gratuitement. Leur instituteur, nommé par le curé, était soumis à l'approbation de l'ordinaire. Ces détails que nous donne M. l'abbé Vincent d'après les archives du Pont, sont les seuls que nous ayons sur les écoles du lieu au XVIIIe siècle ; ou plutôt le même auteur nous apprend, un peu plus loin, que le budget des dépenses communales de 1740 portait 100 livres de gages pour l'instituteur (2).

Aujourd'hui, et depuis déjà de longues années, l'école de garçons du Pont est confiée à un instituteur laïque aidé d'un adjoint. Celle des filles est dirigée par 3 religieuses de la congrégation de Sainte-Marthe de Romans, congrégation si hautement appréciée pour son intelligence et son dévouement dans l'éducation de la jeunesse.

IX. ILLUSTRATION ECCLÉSIASTIQUE.

Du mariage de Jean Terrot, bourgeois du Pont, avec Madeleine de Gumin de Trufel de la Murette, mariage contracté en 1712, naquirent 5 enfants, 4 garçons et 1 fille, savoir : Jacques-Joseph, Charles, Étienne, André et Madeleine. Charles, qui selon l'usage de l'époque s'appelait Sillac, nom d'un domaine de la famille situé à Ste-Eulalie, entra en qualité de cadet dans un régiment sarde, qui

(1) *Notice . . . Terrot,* p. 21-3.
(2) *Lettres sur le Royans,* p. 105-7.

était en garnison à Tortone en Piémont. Mais, au lieu de s'occuper
de son instruction militaire et de fréquenter les officiers, il était sans
cesse dans les églises, ce qui annonçait peu de vocation pour l'état
militaire. En effet, ayant un jour quitté sa garnison, il revint au
Pont, près de sa mère. « De là il partit pour Paris, où il fit de fort
bonnes classes à Saint-Sulpice ; puis devint prêtre de l'ordre du
Saint-Sacrement, fut supérieur du séminaire de son ordre, à Valence, puis à Chabeuil, à Marseille et enfin à Valréas, d'où la révolution le chassa. Il vint finir ses jours au Pont, à Château-Gaillard,
où il mourut sur la fin de 1795. »

A ces traits généraux, fournis par la *Notice sur la famille Terrot*,
écrite par le petit-neveu de notre personnage, joignons quelques
détails puisés à la même source.

En 1747, étant supérieur au collége de Valence, il apprend que
Mme Terrot, sa mère, est à toute extrémité, et qu'il faut partir de
suite, s'il veut la voir. Il monte à cheval, et, arrivé sous les murs de
Château-Gaillard, il s'informe de l'état de sa mère. On lui dit qu'elle
est morte et morte protestante. Il fait tourner bride à son cheval et
revient à Valence.

« Ma mère, qui était de Chabeuil, dit l'auteur de la *Notice* et qui
l'avait beaucoup connu, lorsqu'il était supérieur du collége de cette
ville, m'a dit qu'il avait une grande réputation de sainteté, et un
talent remarquable pour la chaire. Il attirait à Chabeuil la haute
société de Valence qui venait entendre ses sermons. Il nous a laissé
une malle pleine de sermons écrits de sa main. C'est lui qui con-
tribua au mariage de mon père, qui était son neveu et qu'il avait
élevé, avec Marthe Lacroix-Saint-Pierre, fille du juge mage de Chabeuil. »

M. Mouralis, curé-archiprêtre de Saint-Jean-en-Royans, chevalier
de la Légion d'honneur, qui était du Midi, avait commencé ses
classes sous Charles Terrot, à Valréas, avec l'abbé Maury, devenu
ensuite cardinal.

Enfin, le digne prêtre du Saint-Sacrement eut en son frère
Étienne, plus jeune, né au Pont le 5 avril 1721, le général d'artillerie
Terrot de Lavalette, décédé au même lieu le 30 juillet 1793 (1).

---

(1) *Notice*, p. 47-62.

En terminant, nous prions le lecteur de lire, p. 8, note, l. 3, *830 et 835* au
lieu de *845* ; p. 18, l. 1, *maître* au lieu de *maîtue*.

www.ingramcontent.com/pod-product-compliance
Lightning Source LLC
LaVergne TN
LVHW050627090426
835512LV00007B/711